Antología poética

Rafael Alberti:
Antología poética

Prólogo y selección de
Natalia Calamai

Alianza Editorial
El Libro de Bolsillo
Madrid

Primera edición en «El Libro de Bolsillo»: 1980
Quinta reimpresión en «El Libro de Bolsillo»: 1994

© Rafael Alberti
© del prólogo y la selección: Natalia Calamai
© Alianza Editorial, S. A., Madrid, 1980, 1983, 1986, 1989, 1992,
1994
   Calle Juan Ignacio Luca de Tena, 15; 28027 Madrid; teléf. 741 66 00
   ISBN: 84-206-1759-8
   Depósito legal: M. 1.506/1994
   Compuesto e impreso en Fernández Ciudad, S. L.
   Catalina Suárez, 19. 28007 Madrid
   Printed in Spain

Proyectar una antología de la poesía de Rafael Alberti
ha sido para mí una tarea tan difícil como dolorosa, pues
me he visto ante la obligación de reducir una obra de
veintiséis libros (por tanto, miles de páginas) a poco más
de doscientas. Con ello tengo la conciencia de ofrecer al
lector una auténtica mutilación de la creación de un gran
poeta, aunque me consuela pensar que esta tarea puede
facilitar a muchas personas el acceso a una serie de poe-
mas, tal vez los más significativos, de casi todos sus libros
y con ello dar una idea general de la obra albertiana.
Esto que parece especialmente importante y positivo por-
que a lo largo de casi medio siglo, desde los centros de
poder de nuestro país se ha impedido que llegue a cono-
cerse con la amplitud y profundidad que merece la que
unos críticos definen como la voz poética principal, otros
como una de las principales, en lengua castellana de nues-
tro siglo.

Igualmente difícil me resulta ahora escribir un prólogo
para esta antología, intentar en pocas páginas (y también
me resultaría difícil si dispusiera de muchas) ofrecer una

imagen que refleje de una manera vagamente fidedigna
y rigurosa la complejísima personalidad poética de Rafael
Alberti. Creo que es casi imposible realizar una síntesis
de una obra amplísima por su temática, y que además se
extiende a lo largo de más de medio siglo y está hoy en
pleno desarrollo, abarca todos los géneros de la métrica
y todas las posibilidades de la técnica poética y está liga-
da al largo itinerario de exiliado de su autor.

A estas características básicas tenemos que añadir otras
que complican todavía más el intento de hacer esta sín-
tesis y lo condenan inevitablemente a caer en la simpli-
ficación. «En la evolución de Alberti —escribe Dámaso
Alonso en *Poetas españoles contemporáneos*— caben lo
popular y lo culto casi en estado de máxima pureza, los
mitos modernos y los antiguos» [1]. Porque con poco más
de veinte años conocía a fondo el Romancero, el cancio-
cionero de Barbieri, la lírica anónima castellana y galaico-
portuguesa, a Gil Vicente (en sus palabras, una de sus
«primeras guías»), a los grandes del Siglo de Oro, a los
místicos, al mismo tiempo que a Paul Valéry, Claudel,
Aragon, Eluard. El hecho de que sea gran conocedor, ad-
mirador y, en muchos casos, incluso seguidor de Góngo-
ra, podría parecer contradictorio con su capacidad de vivir
como poeta y hombre tan inmerso en su tiempo que ha
sabido recoger en su poesía, mejor que nadie, las múlti-
ples y complejas aspiraciones de los sectores oprimidos
de la sociedad española.

En la poesía de Alberti se suelen distinguir dos direc-
trices fundamentales: una subjetiva (que él se niega a de-
finir «lírica», como muchos críticos hacen, pues considera
que también la poesía que nace de un tema político puede
ser lírica) y otra objetiva, de compromiso político. Pero
no siempre está clara la línea divisoria entre ellas. Por
ejemplo, dentro de la segunda, necesariamente muy am-
plia, podemos incluir una gran parte de su poesía del
exilio, porque su drama de desterrado llega a ser el mo-

---

[1] Dámaso Alonso, *Poetas españoles contemporáneos*, Gredos,
Madrid, 1969, p. 274.

tivo fundamental de su poesía, y este drama lo vive siempre, de una u otra forma, como un drama político. Pero con gran frecuencia la nostalgia de su tierra, la soledad, la incertidumbre del regreso, pasan a un primer plano, adquieren un mayor énfasis, y las causas de esa situación permanecen en sordina, subyacen, se sobrentienden. Entonces esos poemas se podrían incluir dentro del primer grupo, el de la poesía subjetiva. Por otra parte, en Alberti la materia política llega a adquirir una emoción personal tan fuerte, en su solidaridad con los rebeldes y los oprimidos en general, que no se puede negar a la obra que hemos llamado objetiva un carácter fuertemente subjetivo.

Desde la fecha simbólica que Alberti atribuye a la *Elegía cívica,* 1 de enero de 1930, a través de la gran variedad de temas que encontramos en su obra y a través de la gran variedad formal que caracteriza su poesía desde sus comienzos, se manifiesta de maneras diferentes una idea central: España. España como tierra concreta, su tierra, su mar, su cielo, y España como país trágico de opresores y oprimidos. En *Sonríe China* él mismo define su obra: «He publicado diecisiete libros. / En todas sus estrofas / canta mi pueblo. En todas sus estrofas / se oye el rumor del hombre que trabaja: / del que doma los ríos, ordenándoles / su ciego impulso hacia la nueva vida; / del que batalla con la tierra abriendo / su duro corazón a nuevos campos; / del que de sus entrañas se apodera / y las funde y convierte en nueva sangre.»

Pero la fuerza de su compromiso no anula nunca la faceta subjetiva de su poesía, que se mueve fatalmente «entre el clavel y la espada» (título de una de sus obras, pero que es simbólico para todas ellas a partir del año 30), porque, como escribe en el prólogo de ese libro, «hincados entre los dos vivimos: de un lado, un seco olor a sangre pisoteada, de otro, un aroma a jardines, a amanecer diario, a vida fresca, fuerte, inexpugnable».

Un importante estudioso de Alberti, Manuel Durán, observa que es fácil caer en «la tentación de partir a Alberti en dos. (...) Una cara, la del poeta nostálgico,

lírico reconstructor de su infancia. (...) Otra la del poe-
ta rebelde, iconoclasta, que quiere morirse con los zapa-
tos puestos» [2]. Efectivamente, el tema de la nostalgia es
muy importante y está presente a lo largo de casi toda
su obra, aunque muy diferente es la nostalgia de «Ma-
rinero en tierra» respecto a la de su exilio. También es
fundamental, lo hemos repetido ya, el tema de la rebelión.
Pero en mi opinión cometeríamos un grave error, porque
caeríamos en una simplificación tan fácil como falsa, si
intentáramos distinguir dos personalidades en Alberti.
Porque se trata de una sola, compleja, en que estos dos
temas, evidentemente los dominantes, a veces se alternan,
pero en general se entremezclan y se funden, enriquecién-
dose recíprocamente.

En esta misma tentación de dividir en partes la obra
de Alberti, una estudiosa suya tan sensible como Solita
Salinas define su poesía como «una continua búsqueda
del Paraíso, paraísos perdidos» [3] y distingue en ella tres
etapas. En la primera (Marinero en tierra), «el poeta se
esfuerza por recobrar líricamente el paraíso perdido de la
niñez»; en la segunda (Sobre los ángeles) «asistimos al
entreabrirse de un paraíso tronchado», y en la tercera,
la obra del exilio, se «brinda la promesa de un paraíso
por venir».

Dámaso Alonso, que también vislumbra el leit motiv
del paraíso perdido («¿no encontramos siempre la misma
añoranza última de un paraíso irremediablemente perdi-
do? [4]), sin embargo, pone el énfasis en la unidad sustan-
cial de la obra albertiana. «Nadie más sediento de cam-
bio, de superación, que este poeta. Casi cada libro suyo
ha sido una manera nueva.» Pero añade: «Multiformes
y hasta dispares en apariencia, estas obras brotan (...) de
la misma personalidad.»

Para captar, a lo largo de la obra de Rafael Alberti, el
cambio y la unidad de que habla Dámaso, me parece

---

[2] Rafael Alberti, edición de Manuel Durán, Taurus, Madrid,
1975, pp. 18-19.
[3] Rafael Alberti, op. cit., p. 53.
[4] Dámaso Alonso, op. cit., p. 274.

interesante ir viendo cada uno de sus libros por orden cronológico. En este prólogo me tendré que limitar, por razones de espacio, a dar alguna breve explicación sobre el contenido de éstos y a expresar alguna opinión personal que tal vez pueda orientar al lector.

Entre 1920 y 1923, Alberti, todavía adolescente, todavía en busca del lenguaje artístico más acorde con su personalidad, oscilando entre su primera vocación, la pintura, y la que se iba imponiendo con fuerza cada vez mayor, la poesía, escribió 44 poemas que constituyen, según su misma definición, su «prehistoria poética». Algunas de estas composiciones reflejan la influencia del clima vanguardista que caracterizaba el momento en que vieron la luz, otras ponen de manifiesto sus conocimientos y su admiración por la poesía anónima y popular, así como la de los clásicos. Con los últimos sonetos de este grupo Alberti emboca ya el difícil camino de la gran poesía tradicional, opción fundamental que marcará gran parte de su obra a lo largo de los años siguientes.

Marinero en tierra (1924), que obtuvo el Premio Nacional de Literatura de 1925, expresa, como escribirá en *La arboleda perdida,* «la creciente melancolía del muchacho de mar anclado en tierra», la nostalgia de un joven adolescente arrancado de sus playas, de la visión amplísima de su mar y encarcelado en un Madrid gris, frío y hostil. Solita Salinas observa que el marinero, para Alberti como para Baudelaire, es el «hombre libre», y por ello no es casual la cita del dístico de este último precediendo «A un capitán de navío»: «Homme livre, toujours tu chériras la mer».

Y el mar perdido de la infancia es la base de la creación, en que se mezcla el sueño y el recuerdo. Recuerdos de hechos reales que se desdibujan con el tiempo y se funden con los sueños de la infancia. El mar se ha convertido en el símbolo del pasado y de la libertad ligada a ese pasado, por tanto perdida para siempre: «Mi novia vive en el mar / y nunca la puedo ver / ... / ¡Yo nunca te podré ver / jardinera en tus jardines / albos del amanecer!» La frustración presente en éste como en muchos otros versos es, en mi opinión, el centro emocional de esta primera obra, una inquietud que revela ya esa complejidad afectiva e intelectual del mundo albertiano.

La amante (1925), «libro de transición entre mar y tierra», como lo define Solitas Salinas, es el diario poético del marinero de Andalucía la Baja que descubre las tierras altas de Castilla en un viaje realizado con su hermano Agustín. Alberti nos comunica sus impresiones inmediatas de los paisajes, los habitantes, las situaciones con la espontaneidad y frescura del poeta ya seguro de sus instrumentos lingüísticos y métricos. La influencia de la lírica anónima castellana da lugar a una serie de reinvenciones llenas de gracia y musicalidad.

El alba del alhelí (1925-1926) está compuesto de canciones de tierra adentro, concretamente Andalucía la Alta, inspiradas por sus vivencias en Rute, pueblo de la serranía de Córdoba donde pasó una temporada en 1924. Estamos, lejos del mundo luminoso y fantástico de Andalucía la Baja, del paraíso perdido del niño que tuvo que abandonarlo, en un momento de la vida real de un pueblo, con sus costumbres, sus fiestas y sus tragedias, vivido directamente por un Alberti adulto. Los metros y ritmos se diversifican. Aparece por vez primera la seguidilla y con ella los dos protagonistas de esa otra Andalucía lorquiana: el toro y el torero.

Ya se entrevé en esta obra, por debajo de una superficie lírica, la existencia de una realidad profunda y trágica que surge de la observación de los hechos y los hombres, no ya de la evocación nostálgica y solitaria.

A partir de *Cal y canto* (1926-1927), Alberti empieza a reflejar, aunque de forma indirecta y confusa, las profundas contradicciones que desgarraban la sociedad española de entonces, la España del desarrollo del ferrocarril, del teléfono, del automóvil y del cine, pero también la España del latifundismo, del paro de millones de jornaleros, de las condiciones de vida inhumanas del proletariado urbano.

A propósito de esa época, escribe en *La arboleda perdida*: «Ya el poema breve, rítmico, de corte musical me producía cansancio. Era como un limón exprimido del todo, difícil de sacarle un jugo diferente.» El resultado es un universo cuyos elementos son representaciones del mundo natural que se combinan extrañamente con los nuevos inventos de la ciencia, todo ello en una atmósfera surreal.

Sobre los ángeles (1927-1928) produjo sorpresa y desconcierto en el público literario madrileño que sólo cinco años antes había conocido el mundo marino lleno de gracia y frescura casi infantil del joven poeta gaditano. Este público se encontraba ahora ante un libro de tormento y angustia que no tendría parecido en la poesía española hasta la aparición, dos años después, de *Un poeta en Nueva York,* de García Lorca. «Yo había perdido un paraíso —escribe en *La arboleda perdida*—, tal vez el de mis años recientes, mi clara y primerísima juventud, alegre y sin problemas. Me encontraba de pronto como sin nada, sin azules detrás, quebrantada de nuevo la salud, estropeado, roto en mis centros más íntimos. (...) Huésped de las nieblas, llegué a escribir a tientas, sin encender la luz, a cualquier hora de la noche, con un automatismo no buscado. (...) El idioma se me hizo tajante, peligroso, como punta de espada. Los ritmos se partieron en pedazos, remontándose en chispas cada ángel, en columnas de humo, trombas de ceniza, nubes de polvo.»

En un tiempo y un espacio ilimitados, invadidos «de pueblos y ciudades que no están en el mapa», una infinidad de ángeles luchan fuera y dentro del protagonista, el hombre, que es, a su vez, un ángel caído, cuyo ángel de la guarda ha muerto. Todo consuelo parece imposible, aunque al llegar al final del viaje se vislumbra el camino hacia una nueva forma de verdad. Cuando Alberti dice: «una rosa es más rosa habitada por las orugas», parece como si quisiera sugerirnos que la conciencia de la propia debilidad facilita al hombre la comprensión de la debilidad de los demás. El dolor compartido lleva a la solidaridad: «¡no os soltéis de las manos!». Y el libro, que ha empezado con un ángel muerto, acaba con uno herido, pero vivo.

En *Sermones y moradas* (1929-1930) sigue presente la crisis profunda del libro anterior, simbolizada por el hombre «deshabitado», vacío de alma, pero aparece claramente la búsqueda de una nueva ideología para sustituir la tradicional, que se había totalmente derrumbado. Con el apocalipsis se entrevé la metamorfosis y con ella la salvación: «... cuando el alma de mi enemigo hecha bala de cañón perfore la Tierra y su cuerpo ignorante renazca en la torpeza del topo o el hálito ocre y amarillo que desprende la saliva seca del mulo, comenzará la perfección de los cielos». En los versos a menudo desmedidamente largos, sin rimas ni asonancias, que colocan las composiciones en la frontera con la prosa, ya está presente la elocuencia que, como forma de comunicación directa de un mensaje, es ya una componente de la poesía política.

Tras el paréntesis de *Yo era un tonto y lo que he visto me ha hecho dos tontos* (1929), homenaje al cine mudo y sus héroes, en que el intento de traducir el lenguaje cinematográfico al poético lo lleva, como observa un importante estudioso de Alberti, Ignazio Delogu, a «construir la poesía como una secuencia, colocando en el mismo plano el elemento visual y el elemento reflexivo» [5], la misma forma poética de *Sermones y moradas* se une en la *Elegía cívica* (1930) a un contenido ideológicamente mucho más claro, a una concepción del mundo en que las fuerzas destructoras y ciegas de la naturaleza son sustituidas por una intuición de la concepción marxista de la lucha de clases. A partir de entonces, abandonará durante casi una década el surrealismo para buscar las formas y contenidos de más inmediata eficacia política.

En esas fechas, la monarquía se tambaleaba ante la creciente ofensiva obrera e intelectual y la *Elegía cívica,* que lleva la fecha simbólica del 1 de enero de 1930, «señala —como escribirá más tarde en *La arboleda perdida*— mi incorporación a un universo nuevo, por el que entraba a tientas, sin preocuparme siquiera adónde me conduci-

[5] Ignazio Delogu, *Rafael Alberti,* Il Castoro, Firenze, 1972, página 87.

ría». Se trata, también en sus palabras, de «poesía sub-
versiva, de conmoción individual, pero que ya anunciaba
turbiamente mi futuro camino».

Como consecuencia de este proceso de toma de con-
ciencia política, unido en todo momento a un proceso de
revisión crítica de la cultura, y en particular de la poesía,
se propone como objetivo fundamental acercar su obra al
pueblo y reflejar en ella la realidad social española. Así,
primero las últimas bocanadas de la monarquía, luego la
instauración de la República, con el primer entusiasmo y
el posterior estallido de las contradicciones que ésta lle-
vaba implícitas, su conocimiento directo de la Revolución
rusa, se van reflejando en su obra, llena de pasión civil,
de aquellos años.

En *El poeta en la calle* (1931-1935) su posición polí-
tica es concreta y decidida y resulta clara su opción de
clase. Si desde el punto de vista del contenido este libro
representa la culminación de un proceso de toma de con-
ciencia, desde el punto de vista formal la ruptura con el
pasado es total. El verso largo, cargado de imágenes, me-
táforas, hipérboles de sus últimos libros, vuelve a la bre-
vedad, sencillez y claridad de las primeras obras, aunque
ahora dictadas por una necesidad consciente, la de conec-
tar con los sectores populares tradicionalmente margina-
dos de la poesía. La temática es completamente nueva: la
desmitificación de su clase de origen, incluso de su propia
familia, la crítica feroz contra la España de la reacción,
opresiva y represora a todos los niveles.

De un momento a otro (1934-1939) es una obra de
contenido diverso que nos lleva desde la culminación del
proceso de condena de su infancia y su familia en la pri-
mera parte, hasta la sección «Capital de la gloria», que
contiene veinticuatro de los numerosos poemas escritos
durante la guerra civil. En Madrid, la tensión de la lucha
en la capital sitiada y bombardeada, así como el clima
general de la guerra, hizo que la poesía se concentrara
prácticamente en una épica cotidiana. A lo largo de esos
tres años, «los ardientes años», como escribirá en *Sonríe
China*, «en los que el verso se afiló en espada», la obra

de Alberti se caracteriza por el tono militante, de combate, casi de consigna, pero a veces adquiere un carácter elegíaco, de reflexión y melancolía, como si en algunos momentos lograra abandonar la poesía de urgencia, respuesta inmediata a cada situación concreta, a veces para meditar sobre el carácter mismo de la poesía: «Cuando tanto se sufre sin sueño y por la sangre / se escucha que transita solamente la rabia, / que en los tuétanos tiembla despabilado el odio / y en las médulas arde continua la venganza, / las palabras entonces no sirven: son palabras.»

Entre estas dos secciones, una tercera, *13 bandas y 48 estrellas,* visión trágica e indignada de una América Latina tiranizada a lo largo de un itinerario organizado para recaudar fondos, con recitales y conferencias, en favor de las víctimas de la revolución de Asturias.

El 10 de marzo de 1939 las tropas de Franco entran en Madrid y la guerra civil termina. Tres días antes Alberti había abandonado la capital para iniciar un largo exilio que duraría treinta y ocho años. Primero el norte de Africa, luego Francia, luego Argentina, luego Roma...

Fruto de la primera etapa de ese peregrinaje es *Vida bilingüe de un refugiado español en Francia* (1939-1940), en que la ironía y el sarcasmo no ocultan el sentido de temor e inseguridad que, en formas diferentes, «constituirá —como escribe Delogu— un dato permanente de toda la poesía albertiana sucesiva a 1939, aunque irá lentamente atenuándose hasta ceder su lugar a una poesía más distendida y abierta, una vez más, a los temas y a las aspiraciones de universalidad humana que se había afirmado en la década de 1929 a 1939» [6]. El tema del exilio, con la nostalgia de su tierra, la soledad, el anhelo y la incertidumbre del retorno, se presenta, en ese largo período, de una forma tan reiterada e intensa que llega a ser el motivo fundamental de su poesía.

Ya en la Argentina, donde permanecerá a lo largo de casi un cuarto de siglo, acaba y publica *Entre el clavel y*

[6] Ignazio Delogu, *op. cit.*, p. 107.

la espada (1939-1940), que había iniciado en París. En esta obra encontramos una exigencia de superación de la inestabilidad y provisionalidad de la etapa anterior, que ya se manifiesta explícitamente en los versos programáticos que aparecen al principio del libro: «Después de este desorden impuesto, de esta prisa, / de esta urgente gramática necesaria en que vivo, / vuelva a mí toda virgen la palabra precisa, / virgen el verbo exacto con el justo adjetivo.» Alberti vuelve aquí a la extraordinaria riqueza verbal que hereda de la tradición barroca y reelabora al mismo tiempo las formas de la poesía popular, de modo que la reciente tragedia alcanza una perfección formal que coloca este libro en un lugar fundamental dentro de su obra.

Pleamar (1942-1944) deja entrever la posibilidad de una nueva alegría vital en el intento de superar el trauma de la guerra, de asumir, aunque sin ningún esfuerzo por olvidar («Pleamar silenciosa de mis muertos. / Ellos, quizás, los que os están limando, / rubias rocas distantes»), su condición de exiliado a través de la búsqueda de una continuidad estética, en las frescas imágenes que rozan con el surrealismo («Yace el mar. Nadie tuvo, / como él, una caja / clavada de estrellas») y una continuidad temática, en la vuelta al tema de su primera juventud («¡El ritmo, mar, el ritmo, el verso, el verso!»).

A la pintura, que recoge, en su primera edición, poemas de 1945 a 1952 y, en la última, hasta 1976, expresa, a través de una gran riqueza de formas y temas, la eterna nostalgia del lenguaje artístico de su adolescencia, que constituye una faceta fundamental de la personalidad de Alberti.

Si *Signos del día* (1945-1955) es un libro trágico y político que surge del contraste entre la situación de los pueblos de Europa vencedores del nazismo y la de España («España no está muda. / Sangra ardiendo en mi voz»), *Poemas de Punta del Este* (1945-1956) nace de una inspiración íntima y subjetiva, como si hubiera conseguido alejar, en algunos momentos, la obsesión de su patria y la amargura de su condición de exiliado.

En la clave de este último, *Retornos de lo vivo lejano*
(1948-1958) representa una vuelta a la infancia y a la ado-
lescencia, a su pueblo natal y a su mar, a su colegio. Por
primera vez, en contraste con el sarcasmo y la ira de los
años treinta, la evolución adquiere un tono nostálgico y
melancólico en el recuerdo ya lejano, siempre con una
emoción muy profunda. También *Ora marítima* (1953) es
vuelta al pasado, a su paisaje nativo, esta vez a través
de la mítica historia de Cádiz en su tercer milenario.

Baladas y canciones del Paraná (1954) representa la
culminación de su nostalgia de desterrado, una nostalgia
unida a menudo a una pérdida de la esperanza: «Mi ca-
beza será blanca, / y mi corazón tendrá / blancos tam-
bién los cabellos / el día que pase el mar.» El tema de
la soledad domina la obra y la soledad es para Alberti
una gran tragedia en sí misma, porque él es el poeta soli-
dario por excelencia, el revolucionario que necesita sen-
tirse expresión y acicate de su pueblo.

Con *La primavera de los pueblos* (1955-1957) vuelve
a la poesía civil, en una grandiosa síntesis de pasión polí-
tica, libre asociación de imágenes y esplendor formal que
se inserta, como en otras ocasiones, en la gran tradición
española del barroco.

Abierto a todas horas (1964), poesía melancólica, sere-
na a veces, angustiada otras, es la última obra de su
etapa argentina, que se cierra en ese mismo año. Se inicia
entonces la tercera etapa de su exilio, los quince años
romanos en que escribe, además de importantes poemas
civiles, inspirados en los acontecimientos españoles, la
guerra del Vietnam y el golpe chileno, y otros de inspira-
ción subjetiva aún inéditos, dos libros: *Roma, peligro
para caminantes* y *Canciones del alto valle del Aniene*.
En el primero, que representa el segundo gran momento
del humorismo albertiano (el primero había sido *Yo era
un tonto),* se identifica con la capital de Italia, con su
grandiosa arquitectura, sus infinitos gatos. En el segundo
aparece la otra faceta de su profunda identificación con
lo que él mismo define como su «segunda patria». De la

vida de la metrópoli en sus aspectos más humildes y coti-
dianos, pasa ahora a la Italia lírica de los campos.

Esta enumeración, necesariamente larga de las obras de
Alberti, tiene que concluir con un libro abierto siempre
a nuevas aportaciones, *Las coplas de Juan Panadero,* que
aparecen publicadas por primera vez en Montevideo en
1949 y que han visto la luz, en su edición última, hace
unos meses. Como Antonio Machado tiene su «yo» filo-
sófico en Juan de Mairena, Alberti crea el suyo, más social
y político, en un personaje distinto, este otro Juan que,
como su mismo nombre indica, es fruto y símbolo del
pueblo español, inteligente, ágil de mente y palabra, ca-
paz de improvisar sus coplas desde la posición de su clase
y dirigiéndose a su clase. «Más sencillo que fácil —explica
el mismo Alberti en el prólogo a la última edición— la
voz de este Juan de la calle me hace falta y tendré siem-
pre que recurrir a él mientras el pueblo se llame Juan
y reclame ese sentido justiciero, democrático, acusador,
que nunca deja de cantar en sus coplas»[7]. Esta es, en mi
opinión, la única clave en que se puede entender estos
poemas tan criticados por los que tienen una visión unila-
teral de la poesía como obra en busca de la perfección,
acabada, al margen del tiempo. Y precisamente de estos
críticos exquisitos parece burlarse Rafael Alberti en una
de las últimas «coplas»: «¡Pobre poeta perdido! / ¡Pa-
sar de 'Sobre los ángeles' / a poeta del Partido!»

Ahora que el largo exilio ha terminado, Alberti se ha
incorporado plenamente a la vida y a los acaeceres colec-
tivos de su pueblo. Pero podría poseer algún elemento
real aquella predicción que hacía Solita Salinas bastante
tiempo antes de que el hecho se produjera: «Cuando el
poeta vuelva algún día al paraíso natal, añorado y recrea-
do desde el destierro, algo le faltará: sentirá entonces la
nostalgia del presente, de las verdes barrancas, que al ser
fatalmente perdidas con el regreso a la patria, se conver-

---

[7] Rafael Alberti, *Las coplas de Juan Panadero,* Bruguera, Bar-
celona, 1979.

tirán en el nuevo —y viejo— paraíso» [8]. Lo que es evidente es que la vuelta a su tierra, a su mar, a su cielo, a sus gentes durante cuarenta años llorados y deseados, no se ha podido producir sin traumas. Los años pasados, sobre todo la etapa más serena, la de su vida romana, en un país que lo acogió con tanta generosidad y le dio tanto amor, no se pueden borrar, puesto que constituyen un elemento fundamental de su obra y de su ser. Gracias a ellos, como a todas sus experiencias anteriores, podemos hablar hoy de Rafael Alberti como de un poeta y un hombre universal.

Madrid, noviembre de 1979.
Natalia Calamai.

---

[8] *Rafael Alberti*, edición de Manuel Durán, *op. cit.*, p. 53.

Al mar
al mar
la serpentina azul de esta canción
    Revientan las bengalas
y un cohete pirata asalta las estrellas
    Suéltate los cabellos
mi corazón navegará por ellos
    Las algas de la noche ya están verdes
y pronto va a volar el sueño

*

La noche ajusticiada
en el patíbulo de un árbol
    Alegrías arrodilladas
le besan y ungen las sandalias
    Vena
suavemente lejana
—cinturón del Globo—

Arterias infinitas
mares del corazón que se desangra

Balcones

Te saludan los ángeles Sofía
luciérnaga del valle
La estrella del Señor
vuela de su cabaña
a tu alquería
Ora por el lucero perdido
linterna de los llanos
Porque lo libre el sol
de la manzana picada
de los erizos del castaño
Mariposa en el túnel
sirenita del mar Sofía
Para que el cofrecillo de una nuez
sea siempre en sueños nuestro barco

*

El suelo está patinando
y la nieve te va cantando:
Un ángel lleva tu trineo
el sol se ha ido de veraneo
Yo traigo el árbol de Noel
sobre mi lomo de papel
Mira Sofía dice el cielo:
la ciudad para ti es un caramelo
de albaricoque
de frambuesa
o de limón

*

En tu dedal bebía esta plegaria
esta plegaria de tres alas:

Deja la aguja Sofía
En el telón de estrellas
tú eres la Virgen María
y Caperucita encarnada
Todos los pueblos te cantan de tú
De tú
que eres la luz
que emerge de la luz

*

Marinero en tierra
(1924)

Carta de Juan Ramón Jiménez

Madrid: 31-Mayo-1925

Sr. D. Rafael Alberti,
Madrid.

Mi querido amigo:

Cuando José M.ª Hinojosa, el vívido, gráfico poeta agreste, y usted se fueron, ayer tarde —después del precioso rato que pasamos en la azotea hablando de Andalucía y poesía—, me quedé leyendo —entre las madreselvas en tierna flor blanca y a la bellísima luz caída que ya ustedes dejaron hirviendo en oro en el rincón de yedra; trocadas las lisas nubes, con la hora tardía, en carmines marrones y verdes —su *Marinero en tierra*. Las poesías de este libro— que yo había visto ya, el año pasado, en *La Verdad* de nuestro fervoroso Juan Guerrero y en las copias que usted tuvo la bondad de enviarme para el primer *Sí*— me sorprendieron de alegría; y, sospechando que un brote así de una juventud poética no podía ser único, tenía grandes deseos de conocer el resto de sus canciones. No me había equivocado.

Desde el arranque:

> ... Y ya estarán los esteros
> rezumando azul de mar,

hasta el final:

> Si mi voz muriera en tierra,
> llevadla al nivel del mar
> y dejadla en la ribera,

la serie ésta del Puerto —que yo he elejido— es una orilla, igual que la de la bahía de Cádiz, de ininterrumpida oleada de hermosura, con una milagrosa variedad de olores, espumas, esencias y músicas. Ha trepado usted, para siempre, al trinquete del laúd de la belleza, mi querido y sonriente Alberti. La retama siempre verde de virtud es suya. Con ella, en grácil golpe, ha hecho usted saltar otra vez de la nada plena el chorro feliz y verdadero. Poesía «popular», pero sin acarreo fácil: personalísima: de tradición española, pero sin retorno innecesario: nueva, fresca y acabada a la vez; rendida, ájil, graciosa, parpadeante: andalucísima. ¡Bendita sea la Sierra de Rute, en donde la nostaljia de nuestro solo mar del sudoeste le ha hecho exhalar a usted, hiriéndole a diario con la espada de sal de su brisa, esa exquisita sangre evaporada!

Le voy a decir a *El Andaluz Universal* que adelante un *Sí*, para que pueda lucir todavía en el aire lijero de esta goteante primavera, la tremolante cinta celeste y plata de su *Marinerito*. Y mandaremos en seguida ejemplares a los carabineros del Castillo de Santa Catalina, que tendrá ahora su pozo de agua azul ahogado en lirios amarillos: y el viento de la ancha tarde de junio batirá ruidosamente las hojas mates impresas por el buen Maíz; al guarda del Castillo de Rota, la blanca torre hundida como otro pozo de cal en el altísimo mar azul Prusia que desde allí se ve, con aquellos cuadros de aquellos colorines en las paredes de la escalera; y él se lo enseñará a los visitantes y a las cigüeñas; al hermano enfermero del Colejio del Puerto, para que se lo lea al colejial malito mientras le corta unas sopas de pan y yerbabuena, viendo los dos Cádiz por todas las ventanas abiertas de la enfermería colgadas de canarios cantando; al viejo de la abandonada Plaza de Toros vecina del Colejio, en cuyo ruedo sembrado de trigo daba, los domingos de invierno, el sol solitario de aquel modo: y él intentará comprenderlo, ayudado por su niña, en la paz oscura de los chiqueros, inquieto de vez en cuando por las sombras de los toros; al maquinista del «trenito» del Puerto a Sanlúcar, que lo paseará en el bolsillo, entre las fincas con naranjas, con uvas, con piñas y la bahía destelladora, llena de «parejas» cabeceantes cargadas de mero, bonitos y acedías.

Enhorabuena y gracias de su amigo y triple paisano: por tierra, mar y cielo del oeste andaluz,

JUAN RAMÓN.

1

El mar. La mar.
El mar. ¡Sólo la mar!
¿Por qué me trajiste, padre,
a la ciudad?
¿Por qué me desenterraste
del mar?
En sueños, la marejada
me tira del corazón.
Se lo quisiera llevar.
Padre, ¿por qué me trajiste
acá?

*

Gimiendo por ver el mar,
un marinerito en tierra
iza al aire este lamento:

¡Ay mi blusa marinera!
Siempre me la inflaba el viento
al divisar la escollera.

*

... Y ya estarán los esteros
rezumando azul de mar.
¡Dejadme ser, salineros,
granito del salinar!
    ¡Qué bien, a la madrugada,
correr en las vagonetas,
llenas de nieve salada,
hacia las blancas casetas!
    ¡Dejo de ser marinero,
madre, por ser salinero!

*

Branquias quisiera tener,
porque me quiero casar.
Mi novia vive en el mar
y nunca la puedo ver.
    Madruguera, plantadora,
allá en los valles salinos.
    ¡Novia mía, labradora
de los huertos submarinos!
    ¡Yo nunca te podré ver
jardinera en tus jardines
albos del amanecer!

Pregón submarino

¡Tan bien como yo estaría
en una huerta del mar,
contigo, hortelana mía!
    —En un carrito, tirado
por un salmón, ¡qué alegría
vender bajo el mar salado,
amor, tu mercadería!

—¡Algas frescas de la mar,
algas, algas!

*

¡Qué altos
los balcones de mi casa!
Pero no se ve la mar.
¡Qué bajos!
Sube, sube, balcón mío,
trepa el aire, sin parar:
sé terraza de la mar,
sé torreón de navío.
—¿De quién será la bandera
de esa torre de vigía?
—¡Marineros, es la mía!

Mala ráfaga

Boyeros del mar decían:
—Bueyes rojos, raudas sombras,
ya oscuro, ¿hacia dónde irían?
(¡Fuego en la noche del mar!)
Carabineros del viento
tampoco, no, lo sabían:
—¿Adónde esos bueyes rojos,
raudas sombras, volarían?
(¡Ardiendo está todo el mar!)

*

Pirata de mar y cielo,
si no fui ya, lo seré.
Si no robé la aurora de los mares,
si no la robé,
ya la robaré.
Pirata de cielo y mar,
sobre un cazatorpederos,
con seis fuertes marineros,
alternos, de tres en tres.

Si no robé la aurora de los cielos,
si no la robé,
ya la robaré.

*

Barco carbonero,
negro el marinero.
Negra, en el viento, la vela.
Negra, por el mar, la estela.
¡Qué negro su navegar!
La sirena no le quiere.
El pez espada le hiere.
¡Negra su vida en la mar!

*

> ... la blusa azul, y la cinta
> milagrera sobre el pecho.
>
> J. R. J.

—Madre, vísteme a la usanza
de las tierras marineras:
el pantalón de campana,
la blusa azul ultramar
y la cinta milagrera.
    —¿Adónde vas, marinero,
por las calles de la tierra?
    —¡Voy por las calles del mar!

*

Si Garcilaso volviera,
yo sería su escudero;
que buen caballero era.
    Mi traje de marinero
se trocaría en guerrera
ante el brillar de su acero;
que buen caballero era.
    ¡Qué dulce oírle, guerrero,
al borde de su estribera!
En la mano, mi sombrero;
que buen caballero era.

Grumete

¡No pruebes tú los licores!
¡Tú no bebas!
¡Marineros bebedores,
los de las obras del puerto,
que él no beba!
¡Que él no beba, pescadores!
¡Siempre sus ojos abiertos,
siempre sus labios despiertos
a la mar, no a los licores.
¡Que él no beba!

*

¡Jee, compañero, jee, jee!
¡Un toro azul por el agua!
¡Ya apenas si se le ve!
    —¿Quééé?
—¡Un toro por el mar, jee!

*

¡Traje mío, traje mío,
nunca te podré vestir,
que al mar no me dejan ir.
Nunca me verás, ciudad,
con mi traje marinero.
Guardado está en el ropero,
ni me lo dejan probar.
Mi madre me lo ha encerrado,
para que no vaya al mar.

*

Retorcedme sobre el mar,
al sol, como si mi cuerpo
fuera el jirón de una vela.
Exprimid toda mi sangre.
Tended a secar mi vida
sobre las jarcias del muelle.

Seco, arrojadme a las aguas
con una piedra en el cuello
para que nunca más flote.
    Le di mi sangre a los mares.
¡Barcos, navegad por ella!
Debajo estoy yo, tranquilo.

Madrigal de Blanca-nieve

Blancanieve se fue al mar.
¡Se habrá derretido ya!
    Blanca-nieve, flor del norte,
se fue al mar del mediodía,
para su cuerpo bañar.
¡Se habrá derretido ya!
    Blanca-nieve, Blanca-y-fría,
¿porqué te fuiste a la mar
para tu cuerpo bañar?
    ¡Te habrás derretido ya!

Con él
(1924)

Zarparé, al alba, del Puerto,
hacia Palos de Moguer,
sobre una barca sin remos.
    De noche, solo, ¡a la mar!
¡y con el viento y contigo!
    Con tu barba negra tú,
yo barbilampiño.

*

Ojos tristes, por la banda
de babor... ¿Adónde irán?
    —¿Adónde van,
capitán?

  Ojos tristes, que verán
las costas que otros no vean...
  —Sin rumbo van.
...Mis ojos tristes, sin rumbo...

*

  ¡Quién cabalgara el caballo
de espuma azul de la mar!
  De un salto,
¡quién cabalgara la mar!
  ¡Viento, arráncame la ropa!
¡Tírala, viento, a la mar!
  De un salto,
quiero cabalgar la mar.
  ¡Amárrame a los cabellos,
crin de los vientos del mar!
  De un salto,
quiero ganarme la mar.

*

  Si yo nací campesino,
si yo nací marinero,
¿por qué me tenéis aquí,
si este *aquí* yo no lo quiero?
  El mejor día, ciudad
a quien jamás he querido,
el mejor día —¡silencio!—
habré desaparecido.

*

  Si mi voz muriera en tierra,
llevadla al nivel del mar
y dejadla en la ribera.
  Llevadla al nivel del mar
y nombradla capitana
de un blanco bajel de guerra.

¡Oh mi voz condecorada
con la insignia marinera:
sobre el corazón un ancla
y sobre el ancla una estrella
y sobre la estrella el viento
y sobre el viento la vela!

2

A un capitán de navío

> *Homme libre, toujours tu chériras la mer!*
> C. Baudelaire

Sobre tu nave —un plinto verde de algas marinas,
de moluscos, de conchas, de esmeralda estelar—,
capitán de los vientos y de las golondrinas,
fuiste condecorado por un golpe de mar.
  Por ti los litorales de frentes serpentinas
desenrollan al paso de tu arado un cantar:
—Marinero, hombre libre, que las mares declinas,
dinos los radiogramas de su Estrella Polar.
  Buen marinero, hijo de los llantos del norte,
limón del mediodía, bandera de la corte
espumosa del agua, cazador de sirenas;
  todos los litorales amarrados, del mundo,
pedimos que nos lleves en el surco profundo
de tu nave, a la mar, rotas nuestras cadenas.

A Federico García Lorca

Sal, tú, bebiendo campos y ciudades,
en largo ciervo de agua convertido,
hacia el mar de las albas claridades,
del martín-pescador mecido nido;
  que yo saldré a esperarte, amortecido,
hecho junco, a las altas soledades,
herido por el aire y requerido
por tu voz, sola entre las tempestades.

Deja que escriba, débil junco frío,
mi nombre en esas aguas corredoras,
que el viento llama, solitario, río.
Disuelto ya en tu nieve el nombre mío,
vuélvete a tus montañas trepadoras,
ciervo de espuma, rey del monterío.

Rosa-Fría, patinadora de la luna

Ha nevado en la luna, Rosa-Fría.
Los abetos patinan por el yelo,
tu bufanda, rizada, sube al cielo,
como un adiós que el aire claro estría.
¡Adiós, patinadora, novia mía!
De vellorí tu falda, da un revuelo
de campana de lino, en el pañuelo
tirante y nieve de la nevería.
Un silencio escarchado te rodea,
destejido en la luz de sus fanales,
mientras vas el cristal resquebrajando.
¡Adiós, patinadora!
                        El sol albea
las heladas terrazas siderales,
tras de ti, Malva-luna, patinando.

A Rosa de Alberti,
que tocaba, pensativa, el arpa
(Siglo XIX)

Rosa de Alberti allá en el rodapié
del mirador del cielo se entreabría,
pulsadora del aire y prima mía,
al cuello un lazo blanco de moaré.
El barandal del arpa, desde el pie
hasta el bucle en la nieve, la cubría.
Enredando sus cuerdas, verdecía
—algo en hilos— la mano que se fue.

Llena de suavidades y carmines,
fanal de ensueño, vaga y voladora,
voló hacia los más altos miradores.

   ¡Miradla querubín de querubines,
del vergel de los aires pulsadora,
Pensativa de Alberti entre las flores!

3

¡A volar!

   Leñador,
no tales el pino,
que un hogar
hay dormido
en su copa.
   —Señora abubilla,
señor gorrión,
hermana mía calandria,
sobrina del ruiseñor.
Ave sin cola,
martín-pescador,
parado y triste alcaraván:
   ¡a volar,
pajaritos,
al mar!

Mi corza

                                        En Avila, mis ojos...
                                                Siglo xv

   Mi corza, buen amigo,
mi corza blanca.
   Los lobos la mataron
al pie del agua.
   Los lobos, buen amigo,
que huyeron por el río.
   Los lobos la mataron
dentro del agua.

Jardín de Amores

Vengo de los comedores
que dan al Jardín de Amores.
¡Oh reina de los ciruelos,
bengala de los manteles,
dormida entre los anhelos
de las aves moscateles!
Princesa de los perales,
infanta de los fruteros,
dama en los juegos florales
de los melocotoneros.
¿A quién nombraré duquesa
de la naranja caída?
¿Quién querrá ser la marquesa
de la mora mal herida?
Vengo de los comedores
que dan al Jardín de Amores.

Nana del niño muerto

Barquero yo de este barco,
sí, barquero yo.
Aunque no tenga dinero,
sí, barquero yo.
Rema, niño, mi remero.
No te canses, no.
Mira ya el puerto lunero,
mira, miraló.

De dos a tres

Las dos, en la vaquería.
La luna borda un mantel,
cantando, en mi galería:
—Una niña chica,
sin cuna, jugando.

La Virgen María
la está custodiando.
Tres gatitos grises
y un mirlo enlutado,
la araña hilandera
y el pez colorado.
Un blanco elefante
y un pardo camello,
y toda la flora de aire
y toda la fauna del cielo.
        Tín,
tín,
tán: las tres, en la vaquería.
Tón,
tón,
tán:
        las tres, en la prioral.

Geografía física

    Nadie sabe Geografía
mejor que la hermana mía.
    —La anguila azul del canal
enlaza las dos bahías.
    —Dime: ¿dónde está el volcán
de la frente pensativa?
    —Al pie de la mar morena,
solo, en un banco de arena.
    (Partiendo el agua, un bajel
sale del fondeadero.
Camino del astillero,
va cantando el timonel.)
    —Timonel, hay un escollo
a la salida del puerto.
    —Tus ojos, faros del aire,
niña, me lo han descubierto.
    ¡Adiós, mi dulce vigía!
    Nadie sabe Geografía
mejor que la hermana mía.

Madrid

Por amiga, por amiga.
Sólo por amiga.
Por amante, por querida.
Sólo por querida.
Por esposa, no.
Sólo por amiga.

San Rafael
(Sierra de Guadarrama)

Si me fuera, amante mía,
si me fuera yo,
si me fuera y no volviera,
amante mía, yo,
el aire me traería,
amante mía,
a ti.

San Rafael
(Sierra de Guadarrama)

Zarza florida.
Rosal sin vida.
Salí de mi casa, amante,
por ir al campo a buscarte.
Y en una zarza florida
hallé la cinta prendida,
de tu delantal, mi vida.
Hallé tu cinta prendida,
y más allá, mi querida,
te encontré muy mal herida
bajo del rosal, mi vida.
Zarza florida.
Rosal sin vida.
Bajo del rosal sin vida.

Aranda de Duero

Madruga, la amante mía,
madruga, que yo lo quiero.
En las barandas del Duero,
viendo pasar la alba fría,
yo te espero.
No esperes que zarpe el día,
que yo te espero.

De Aranda de Duero a Peñaranda de Duero

¡Castellanos de Castilla,
nunca habéis visto la mar!
¡Alerta, que en estos ojos
del sur y en este cantar
yo os traigo toda la mar!
¡Miradme, que pasa el mar!

Peñaranda de Duero

¿Por qué me miras tan serio,
carretero?
Tienes cuatro mulas tordas,
un caballo delantero,
un carro de ruedas verdes,
y la carretera toda
para ti,
carretero.
¿Qué más quieres?

Salas de los Infantes
(Pregón del amanecer)

¡Arriba, trabajadores
madrugadores!
En una mulita parda,
baja la aurora a la plaza
el aura de los clamores,
trabajadores.
Toquen el cuerno los cazadores,
hinquen el hacha los leñadores.
¡A los pinares el ganadico,
pastores!

Quintanar de la Sierra
(Nana)

La mula cascabelera.
Y el niño más chiquito
dando vueltas por la era.
—¡Glín, glín!—. Ya está dormidito.
¡Y la tarántula, madre,
al pie de su madriguera!

De Burgos a Villarcayo

Castilla tiene castillos,
pero no tiene una mar.
Pero sí una estepa grande,
mi amor, donde guerrear.
    Mi pueblo tiene castillos,
pero también una mar,
una mar de añil y grande,
mi amor, donde guerrear.

Villarcayo

En los tréboles del soto,
¡Dios, lo que yo me encontré!
    —¿Lo sabes?
                 —¡Sí, que lo sé!
    —Pues dime lo que encontré
en los tréboles del soto.
    —¡Dios, sí que te lo diré:
mi anillo, mi anillo, roto!

Medina de Pomar

¡A las altas torres altas,
de Medina de Pomar!
    ¡Al aire azul de la almena,
a ver si ya se ve el mar!
    ¡A las torres, mi morena!

De Laredo a Castro Urdiales

El viento marero sube,
se para y canta en mi hombro,
mirlo de mar,
y no se va.

   No sé lo que cantará.
Dímelo, viento marero,
martín de mar.
   Y el viento marero huye,
vuelve, se cierra en mi hombro,
dalia de mar,
y no se va.

Pradoluengo

   Los gallos. Ya cantan.
¡Vamos! La alborada.
   Aguas de río,
que no de mar,
aún tenemos que pasar.
   Ya cantan los gallos.
La alborada. ¡Vamos!

Entrada en Madrid

   Aureolado del aire
y del salitre del mar,
vuelvo de los litorales.
   Mirad también a mi amante,
que aureolada de espuma
y del salitre del aire
vuelve de los litorales.

Prólogo

Todo lo que por ti vi
—la estrella sobre el aprisco,
el carro estival del heno
y el alba del alhelí—,
si me miras, para ti.
Lo que gustaste por mí
—la azúcar del malvavisco,
la menta del mar sereno
y el humo azul del benjuí—,
si me miras, para ti.

La húngara

Quisiera vivir, morir,
por las vereditas, siempre.
Déjame morir, vivir,
deja que mi sueño ruede
contigo, al sol, a la luna,
dentro de tu carro verde.

*

—Vas vestida de percal...
—Sí,, pero en las grandes fiestas
visto una falda de raso
y unos zapatos de seda.
—Vas sucia, vas despeinada...
—Sí, pero en las grandes fiestas
me lava el agua del río
y el aire puro me peina.

*

... Y yo, mi niña, teniendo
abrigo contra el relente,
mientras va el sueño viniendo.
... Y tú, mi niña, durmiendo
en los ojitos del puente,
mientras va el agua corriendo.

*

No puedo, hasta la verbena,
pregonar mi mercancía,
que el alcalde me condena.
¿Pero qué me importa a mí,
si en estos campos, a solas,
puedo cantártela a ti?
—¡Caballitos, banderolas,
alfileres, redecillas,
peines de tres mil colores!
¡Para los enamorados,
en papeles perfumados,
las dulces cartas de amores!
¡Alerta, los compradores!

*

¿Por qué vereda se fue?
¡Ay, aire, que no lo sé!
¿Por la de Benamejí?
¿Por la de Lucena o Priego?
¿Por la de Loja se fue?
¡Ay, aire que no lo sé!

Ahora recuerdo: me dijo
que caminaba a Sevilla.
¿A Sevilla? ¡No lo sé!
¿Por qué vereda se fue?
¡Ay, aire, que no lo sé!

El pescador sin dinero

Me digo y me retedigo.
¡Qué tonto!
Ya te lo has tirado todo.
Y ya no tienes amigo,
por tonto. Que aquel amigo
tan sólo iba contigo
porque eres tonto.
¡Qué tonto!
Y ya nadie te hace caso,
ni tu novia, ni tu hermano,
ni la hermana de tu amigo,
porque eres tonto.
¡Qué tonto!
Me digo y me lo redigo...

*

Pez verde y dulce del río,
sal, escucha el llanto mío:
Rueda por el agua, rueda,
que no me queda moneda,
sedal tampoco me queda...
Llora con el llanto mío.
No me queda nada, nada,
ni mi cesta torneada,
ni mi camisa bordada,
con un ancla, por mi amada...
Llora con el llanto mío.
¡Sí, llorad, sí, todos, sí!

La novia

Toca la campana
de la catedral.
¡Y yo sin zapatos,
yéndome a casar!
    ¿Dónde está mi velo,
mi vestido blanco,
mi flor de azahar?
    ¿Dónde mi sortija,
mi alfiler dorado,
mi lindo collar?
    ¡Date prisa, madre!
Toca la campana
de la catedral.
    ¿Dónde está mi amante?
Mi amante querido,
¿en dónde estará?
    Toca la campana
de la catedral.
¡Y yo sin amante,
yéndome a casar!

Pregón

¡Vendo nubes de colores:
las redondas, coloradas,
para endulzar los calores!
    ¡Vendo los cirros morados
y rosas, las alboradas,
los crepúsculos dorados!
    ¡El amarillo lucero,
cogido a la verde rama
del celeste duraznero!
    ¡Vendo la nieve, la llama
y el canto del pregonero!

Joselito en su gloria

Llora, Giraldilla mora,
lágrimas en tu pañuelo.
Mira cómo sube al cielo
la gracia toreadora.

Niño de amaranto y oro,
cómo llora tu cuadrilla
y cómo llora Sevilla,
despidiéndote del toro.

Tu río, de tanta pena,
deshoja sus olivares
y riega los azahares
de su frente, por la arena.

—Dile adiós, torero mío,
dile adiós a mis veleros
y adiós a mis marineros,
que ya no quiero ser río.

Cuatro arcángeles bajaban
y, abriendo surcos de flores,
al rey de los matadores
en hombros se lo llevaban.

—Virgen de la Macarena,
mírame tú, cómo vengo,
tan sin sangre que ya tengo
blanca mi color morena.

Mírame así, chorreado
de un borbotón de rubíes
que ciñe de carmesíes
rosas mi talle quebrado.

Ciérrame con tus collares
lo cóncavo de esta herida,
¡que se me escapa la vida
por entre los alamares!

¡Virgen del Amor, clavada,
lo mismo que un toro, el seno!
Pon a tu espadita bueno
y dále otra vez su espada.

Que pueda, Virgen, que pueda
volver con sangre a Sevilla
y al frente de mi cuadrilla
lucirme por la Alameda.

Chuflillas del Niño de la Palma

¡Qué revuelo!
¡Aire, que al toro torillo
le pica el pájaro pillo
que no pone el pie en el suelo!
¡Qué revuelo!
Angeles con cascabeles
arman la marimorena,
plumas nevando en la arena
rubí de los redondeles.
La Virgen de los caireles
baja una palma del cielo.
¡Qué revuelo!
—Vengas o no en busca mía,
torillo mala persona,
dos cirios y una corona
tendrás en la enfermería.
¡Qué alegría!
¡Cógeme, torillo fiero!
¡Qué salero!
De la gloria, a tus pitones,
bajé, gorrión de oro,
a jugar contigo al toro,
no a pedirte explicaciones.
¡A ver si te las compones
y vuelves vivo al chiquero!
¡Qué salero!
¡Cógeme, torillo fiero!
Alas en las zapatillas,
céfiros en las hombreras,
canario de las barreras,
vuelas con las banderillas.

Campanillas
te nacen en las chorreras.
  ¡Qué salero!
  ¡Cógeme, torillo fiero!
  Te dije y te lo repito,
para no comprometerte,
que tenga cuernos la muerte
a mí se me importa un pito.
Da, toro torillo, un grito
y ¡a la gloria en angarillas!
  ¡Qué salero!
¡Que te arrastran las mulillas!
¡Cógeme, torillo fiero!

La maldecida

  De negro, siempre enlutada,
muerta entre cuatro paredes
y con un velo en la cara.
  —¡No pases tú por su puerta,
no pongas el pie en su casa!
  Naranjos y limoneros,
al alcance, tras las tapias,
sombras frías, de su huerto.
  —¡Nunca pongas tú, mis ojos,
en esas ramas tus dedos!

*

  No quiero, no, que te rías,
ni que te pintes de azul los ojos,
ni que te empolves de arroz la cara,
ni que te pongas la blusa verde,
ni que te pongas la falda grana.
  Que quiero verte muy seria,
que quiero verte siempre muy pálida,
que quiero verte siempre llorando,
que quiero verte siempre enlutada.

La encerrada

Tu padre
es el que, dicen, te encierra.
Tu madre
es la que guarda la llave.
Ninguno quiere
que yo te vea,
que yo te hable,
que yo te diga que estoy
muriéndome por casarme.

*

Porque tienes olivares
y toros de lidia fieros,
murmuran los ganaderos
que yo no vengo por ti,
que vengo por tus dineros.

*

Lo sabe ya todo el pueblo.
Lo canta el sillero,
lo aumenta
el barbero,
lo dice el albardonero,
y el yegüero
lo comenta
en las esquinas con el mulero.
Lo cuenta
el carpintero al sepulturero.
¡Lo saben ya hasta los muertos!
   ¡Y tú sin saberlo!

*

Alguien barre
y canta
y barre.
(Zuecos en la madrugada.)

   Alguien
dispara las puertas.
¡Qué miedo,
madre!
   (¡Ay, los que en andas del viento,
en un velero, a estas horas,
vayan arando los mares!)
   Alguien barre
y canta
y barre.
   Algún caballo, alejándose,
imprime su pie en el eco
de la calle.
¡Qué miedo,
madre!
   ¡Si alguien llamara a la puerta!
¡Si se apareciera padre
con su túnica talar
chorreando…!
¡Qué horror,
madre!
   Alguien barre
                    y canta
                              y barre.

Prisionero

   Carcelera, toma la llave,
que salga el preso a la calle.
   Que vean sus ojos los campos
y, tras los campos, los mares,
el sol, la luna y el aire.
   Que vean a su dulce amiga,
delgada y descolorida,
sin voz, de tanto llamarle.
   Que salga el preso a la calle.

*

(Rutas)

Por allí, por allá,
a Castilla se va.
Por allá, por allí,
a mi verde país.
Quiero ir por allí,
quiero ir por allá.
A la mar, por allí,
a mi hogar, por allá.

Torre de Iznájar

Prisionero en esta torre,
prisionero quedaría.
    (Cuatro ventanas al viento.)
    —¿Quién grita hacia el norte, amiga?
—El río, que va revuelto.
    (Ya tres ventanas al viento.)
    —¿Quién gime hacia el sur, amiga?
—El aire, que va sin sueño.
    (Ya dos ventanas al viento.)
    —¿Quién suspira al este, amiga?
—Tú mismo, que vienes muerto.
    (Y ya una ventana al viento.)
    —¿Quién llora al oeste, amiga?
—Yo, que voy muerta a tu entierro.
    ¡Por nada yo en esta torre
prisionero quedaría!

1

Araceli

No si de arcángel triste ya nevados
los copos, sobre ti, de sus dos velas.
Si de serios jazmines, por estelas
de ojos dulces, celestes, resbalados.

No si de cisnes sobre ti cuajados,
del cristal exprimidas carabelas.
Si de luna sin habla cuando vuelas,
si de mármoles mudos, deshelados.

Ara del cielo, dime de qué eres,
si de pluma de arcángel y jazmines,
si de líquido mármol de alba y pluma.

De marfil naces y de marfil mueres,
confinada y florida de jardines
lacustres de dorada y verde espuma.

Busca

Herida, sobre un toro desmandado,
salta la noche que la mar cimbrea.
¿Por dónde tú, si ardiendo en la marea
va, vengador, mi can decapitado?

Rompe la aurora en el acantilado
su frente y por el viento marinea.
¿Por dónde tú, si el pabellón ondea,
de luto, al alba, el toro desanclado?

Se hacen las islas a la mar, abriendo
grietas de sangre al hombro de las olas,
por restarte a sus armas, muerta o viva.

¡Qué ajena tú, mi corazón cosiendo
al delantal de las riberas solas,
con tu mastín al lado, pensativa!

Amaranta

> ... calzó de viento...
> Góngora

Rubios, pulidos senos de Amaranta,
por una lengua de lebrel limados.
Pórtico de limones, desviados
por el canal que asciende a tu garganta.

Rojo, un puente de rizos se adelanta
e incendia tus marfiles ondulados.
Muerde, heridor, tus dientes desangrados,
y corvo, en vilo, al viento te levanta.

La soledad, dormida en la espesura,
calza su pie de céfiro y desciende
del olmo al mar de la llanura.

Su cuerpo en sombra, oscuro, se le enciende,
y gladiadora, como un ascua impura,
entre Amaranta y su amador se tiende.

2

Oso de mar y tierra

Oso de plata comba y luz, ciudades
pisa con sueño, y siente en sus riñones
el zarpazo del mar y las edades,
    los cuernos de la luna marinera,
el adiós de los altos grimpolones
y el buey tumbado al sol, de la ribera.
    Tigre en la larga cola azul del viento,
pirámides de sal, jerez y espuma,
saltó y, de un solo salto, el firmamento.
    Alga en las mares sordas de tormenta,
pez segador del plomo de la bruma
y rosa en el relámpago de menta.
    Rieles de yodo y plata: los navíos
parten en dos las ondas. Y los trenes,
las arenas, los aires y los ríos.
    ¡Fuego en la espalda de la mar oscura,
luces rojas y gritos sin andenes
y el telegrama de la desventura!
    Cuerpo desnudo. Arpón. Los coletazos
de los delfines y los tiburones.
Patadas de la mar, besos, abrazos.
    Por el norte, la negra nadadora,
y a la mañana, sobre dos tablones,
el cadáver sin rumbo de la aurora.
    Crisantema polar de calcio y nieve,
sobre una pica en Flandes de los renos,
su amor de Islandia resbalado y breve.
    Y la clara de luna, el pecho herido,
tremoladora, al aire sus dos senos,
perdidos los colores y el sentido.
    Bar en los puertos y en las interiores
ciudades navegadas de tranvías,
tras la nereida azul que en los licores
    cuenta al oído y canta al marinero
coplas del mar y de sus valles frías.

Barraca al sur humilde: reverbero
    de luz de lago verde, sobre el pino
que fue quilla y es paz hoy al reposo
de la brújula y cartas del marino.

El *jinete de jaspe*

    Cuatro vientos de pólvora y platino,
la libre fiera fija encadenada
al sol del dócil mar del sur latino,
    por jinete de jaspe cabalgados,
incendian y, de pórfido escamada,
tromba múltiple empinan sus costados.
    Castillos litorales, las melenas
de yedra y sombra ardidas, una a una,
sangriento el mar, sacuden sus almenas.
    Náyades segadoras y tritones,
con la guadaña de la media luna
siegan las colas de los tiburones.
    Las ánimas en pena de los muertos,
robados a las auras por los mares,
zarpan y emergen de los bajos puertos.
    Caracolea el sol y entran los ríos,
empapados de toros y pinares,
embistiendo a las barcas y navíos.
    Sus cuernos contra el aire la mar lima,
enarca el monte de su lomo y, fiera,
la onda más llana la convierte en cima.
    Rompe, hirviendo, el Edén, hecha océano,
cae de espalda en sí misma toda entera...
y Dios desciende al mar en hidroplano.

Corrida de toros

    De sombra, sol y muerte, volandera
grana zumbando, el ruedo gira herido
por un clarín de sangre azul torera.

Abanicos de aplausos, en bandadas,
descienden, giradores, del tendido,
la ronda a coronar de los espadas.

Se hace añicos el aire, y violento,
un mar por media luna gris mandado
prende fuego a un farol que apaga el viento.

¡Buen caballito de los toros, vuela,
sin más jinete de oro y plata, al prado
de tu gloria de azúcar y canela!

Cinco picas al monte, y cinco olas
sus lomos empinados convirtiendo
en verbena de sangre y banderolas.

Carrusel de claveles y mantillas
de luna macarena y sol, bebiendo,
de naranja y limón, las banderillas.

Blonda negra, partida por dos bandas
de amor injerto en oro la cintura,
presidenta del cielo y las barandas,

rosa en el palco de la muerte aún viva,
libre y por fuera sanguinaria y dura,
pero de corza el corazón, cautiva.

Brindis, cristiana mora, a ti, volando,
cuervo mudo y sin ojos, la montera
del áureo espada, que en el sol lidiando

y en la sombra, vendido, de puntillas,
da su junco a la media luna fiera,
y a la muerte su gracia, de rodillas.

Veloz, rayo de plata en campo de oro,
nacido de la arena y suspendido
por un estambre, de la gloria, al toro,

mar sangriento de picas coronado,
en Dolorosa grana convertido,
centrar el ruedo manda, traspasado.

Feria de cascabel y percalina,
muerta la media luna gladiadora,
de limón y naranja, reolina

de la muerte, girando, y los toreros,
bajo una alegoría voladora
de palmas, abanicos y sombreros.

Romeo y Julieta
(Baño)

Tu forma: ¡qué indolente, qué tranquilo
témpano puro, azul, sueño parado
del agua inmóvil y ovalada —tumba—!

Llaves áureas, los grifos templadores,
que igualaron su sangre con tu cuerpo,
sin habla ya, sobre tu frente y muslos.

Siempre fija, que yo, de pie, mis ojos,
por ese dócil viso que te vela,
darlos quiero al viaje de tu forma.

¡Oh mar adolescente, mar desnudo,
con quince lunas cándidas, camino
de los cielos y tierras ignorados!

*

(Fuga. X. 99.999)

Precipitada rosa, limpia, abriendo
con tus hombros el aire... *Las aceras,*
saltando atrás, en fila, comprimiendo,
   tumulto y colorín, multiplicadas,
árboles, transeúntes, vidrieras,
en una doble fuga de fachadas.

Raudo amor, más ligero que los cines,
que el volar de la azul telegrafía,
pero extático en sí... *De los confines*
   de las tierras fugaces, desbocados,
entran los montes y la hidrografía
abrevada de troncos y ganados.

Ahora que es inminente el atropello
del sol y que la estrella inevitable
a lo garzón se corte ya el cabello,
   deja a la lengua de los faros, muda,
que entre las sombras se prolongue y hable,
mientras que a ti mi sueño te desnuda.

*

(Sueño. Fracaso)

Esqueleto de níquel. Dos gramófonos
de plata, sin aguja, por pulmones.
¡Oh cuerpo de madera, sin latido!

¿Cómo olvidarte a ti, rosa mecánica,
impasible, de pie, bajo el eléctrico
verdor frío, cerrada como un mueble?

¿Cómo olvidar, ¡oh, di!, que tu melena,
cuervo sin savia y vida, rodó, triste,
de mi caricia igual, al desengaño?

Sin cabeza, a tus pies, sangra mi sueño.
¿Cómo hacerle subir hasta mi frente,
retornar, flor mecánica, mentira?

¡Abrid las claraboyas! ¡Rompe, luna,
daga adversa del viento, que me ahogo,
romped, herid, matad ese retrato!

Y dadle cuerda al sol, que se ha fundido.

3

Romance que perdió el barco

Sin candiles ni faroles,
que el guantelete más férreo
del sur, de una dentellada,
los hizo añicos, el lienzo
de los bandos ultramares,
estelar, un marinero,
los ojos aceituníes
en sombra y vino revueltos,
busca amarrado a la cola
nocturna y larga del viento.
Carbones fríos, las calles
de hombros confusas y miedo,
bamboleadas, partidas
por los troncos sin fin, negros.

¿Y dónde el mar? Esquinazos
picudos, picos sin sueño,
gradas pobres de escaleras
difuntas ya por el suelo
y galgas en torbellino,
le siegan el tumbo, ciego.

Eses de silbos finales,
silabarios de los céfiros,
clavadas, rasgando muros
y desclavando los techos.
¿Y dónde el buque? Cadenas
de lluvia y reptiles muertos,
tacón de escarcha en los labios,
puños de salitre y yelo,
le atan, girando, a las sombras,
los pies, los gritos, los ecos.

¡Ni mar, ni buque, ni nada!
Noria perenne sin cielo,
de barrios resbaladores,
vientre de lobo, desiertos.

Los ángeles albañiles

Escayolados de frío,
astrales blusas de nieve,
de los séptimos andamios
del Paraíso descienden,
dorados los palaústres,
por invisibles cordeles,
tres ángeles albañiles
para socavar mis sienes.

Al filo de una ventana
del segundo cielo, ausente,
y al libre y libre albedrío
del aire que vuelve y vuelve,
en rumbo de luces idas,
sin saber si van o vienen,
y en colcha de tersas cales,
desnudo, mi cuerpo duerme.

—Angeles, ¿qué estáis haciendo?
Derribada en tres mi frente,
mina de yeso, su sangre
sorben los cubos celestes,
y arriba, arriba y arriba,
ya en los columpios del siete,
los ángeles albañiles
encalan astros y hoteles.

4

*Homenaje
a don Luis de Góngora y Argote
(1627-1927)*

Soledad tercera
(Paráfrasis incompleta)

*Conchas y verdes líquenes salados,
los dormidos cabellos todavía,
al de una piedra sueño, traje umbroso
vistiendo estaban, cuando desvelados,
cítaras ya, esparcidos,
por la del viento lengua larga y fría
templados y pulsados
fueron y repetidos,
que el joven caminante su reposo
vio, música segura,
volar y, estrella pura,
diluirse en la Lira, perezoso.
   De cometa, la cola
celeste y trasatlántica, cosida
al hombro por un ártico lucero;
mitra en la almena de su frente sola;
la barba, derretida,
de doble río helado
y luna azul de enero;*

grave, ante el asombrado
y atento alborear del peregrino,
de su verde cayado
haciendo cortesía,
rudo, se sonreía
el viento de la selva y el camino.

De troncos que, a columnas semejantes,
sostener parecían la alta esfera
de la noche, sin fin, muralla fiera,
cuyas siempre sonantes
hojas de serafines son el nido,
al joven le mostraba
el viento y, sin sonido,
a penetrar en ella le invitaba.

Sin orden, escuadrón se retorcía,
monárquico y guerrero,
luchando, prisionero
en la nocturna cárcel de la umbría,
que, fijo el pie en la tierra,
sus brazos mil movía
con simulada y silenciosa guerra.

¡Oh de los bosques mago,
soplo y aliento de las verdes frondas,
de las ágiles nieves mudo halago,
al sin estrella, errante
nadador de los trigos y las ondas,
los altos, voladores
coturnos de los céfiros vestidos,
conduce, vigilante,
por entre los mentidos
de las vírgenes selvas gladiadores!

El viento, ya empinado,
tromba la barba y mar veloz de nieve
la cola, al peregrino extraviado,
haciendo de su asombro puntería,
le enseña, al par que la borrasca mueve
de los árboles fría,
la del verde aguacero artillería.

Al pie, dócil ya y muda
del ileso extranjero,
la tierna y no mortífera metralla
de la silvestre, ruda,
mal fingida batalla,
el descendido guardabosque fiero,
sus diez uñas calando bayonetas,
hiere, abriendo en la umbría miradores,
las de vidrio cornetas
de la gloria y clamores
del clarín de la luna y ruiseñores.

Las célicas escalas, fugitivas,
y al son resbaladoras
de las nocturnas horas,
del verde timbre al despintado y frío,
despiertan de las álgidas, esquivas,
dríadas del rocío,
de la escarcha y relente,
su azul inmóvil, su marfil valiente.

Arpas de rayos húmedos, tendidas
las flotantes y arbóreas cabelleras,
de las aves guaridas,
de los sueños y fieras
domador y pacífico instrumento,
al joven danzan las entretejidas
esclavas de los troncos, prisioneras
en las móviles cárceles del viento.

Celosas ninfas, dulces ya —los brazos,
pórtico y diademas retorcidos—;
bailadoras guirnaldas
—que a los infantes lazos
de sus finas guedejas esmeraldas
penden el son y vuelo
de sus libres limones atrevidos,
el campo esmerilado o combo cielo
de las lisas espaldas,
la pierna que, viajera,
dispara la cadera
y bebe de los pies el raudo yelo—,

al caminante —sus agrestes voces
el círculo estrechando—
aprisionan, unísonas, girando,
fieles al coro, lentas o veloces.

Coro

   Huéspedas del estío,
del invierno y bailable primavera,
custodia del otoño verdadera,
del trópico y del frío
serás el jefe y nuestro, a tu albedrío,
   si al aire, despojada
de su prisión de lino, transfigura,
ya en ónix verde o mármol tu hermosura,
morena o blanqueada,
por la que es nuestra sangre acelerada.
   Ven, que las oreades,
sirenas de los bosques, te requieren
libre mancebo de la selva, y mueren
por sus virginidades
en los claros ceñirte y oquedades.

   Tanto ajustar quisieron la sortija
del ruedo a la enclavada
del peregrino, fija,
columna temerosa mal centrada,
que, a una señal del viento, el áureo anillo,
veloz, quebrado fue, y un amarillo
de la ira unicornio, desnudada,
orgullo largo y brillo
de su frente, la siempre al norte espada,
chispas los cuatro cascos, y las crines,
de mil lenguas eléctrico oleaje,
ciego coral los ojos, el ramaje
rompiendo e incendiando,
raudo, entró declarando
la guerra a los eurítmicos jardines
de las ninfas, que, huidas,
en árboles crecieron convertidas.

5

Madrigal al billete del tranvía

Adonde el viento, impávido, subleva
torres de luz contra la sangre mía,
        tú, billete, flor nueva,
cortada en los balcones del tranvía.
        Huyes, directa, rectamente liso,
en tu pétalo un nombre y un encuentro
        latentes, a ese centro
cerrado y por cortar del compromiso.
        Y no arde en ti la rosa, ni en ti priva
el finado clavel, sí la violeta
        contemporánea, viva,
del libro que viaja en la chaqueta.

Tren amor

Otra nación, sin sueño, no la mía,
de otro timbre y metal, goza y alumbra
el perfil de la rápida penumbra
        de tu fotografía.
        Débil perfil, anuncio iluminado,
seguido de mi sombra que se afana
por reducir la voz de esa ventana
        tuya a un negro cuadrado.
        Inútil claroscuro, inútil duelo,
roto por el espacio vengativo,
segador del enlace fugitivo
        de tu anhelo y mi anhelo.
        En ninguna estación, sombra escapada
de tu mazmorra fija, en ningún punto
beberás esa luz. Te incita junto,
        ¡pero qué distanciada!

6

Telegrama

Nueva York.
Un triángulo escaleno
asesina a un cobrador.
El cobrador, de hojalata.
Y el triángulo, de prisa,
otra vez a su pizarra.
Nick Carter no entiende nada.
¡Oh!
    Nueva York.

Asesinato y suicidio
(Cuento)

Buenas noches, hollín de la cocina.
        ¿Dónde la cocinera?
—Arde, besugo azul, en la salsera,
        rehogada en bencina.
    ¿Y de quién, buen perol, ese sombrero
        de copa, ese zapato?
—De su marido infiel, un señor gato
        fumista y betunero.
    ¿Y adónde, col, lechuga, zanahoria,
        garganta del hornillo?
—Al infierno, enterrado en un lebrillo
        de carbón y achicoria.
    Señores, estoy triste. (Un pajarraco,
        tras una pajarraca.)
Perdonadme que muera. (Sin verraca,
        se asesinó el verraco.)

7

A Miss X,
enterrada en el viento del Oeste

¡Ah, Miss X, Miss X: 20 años!
   Blusas en las ventanas,
los peluqueros
lloran sin tu melena
—fuego rubio cortado—.
   ¡Ah, Miss X, Miss X sin sombrero,
alba sin colorete,
sola,
tan libre,
tú,
en el viento!
   No llevabas pendientes.
   Las modistas, de blanco, en los balcones,
perdidas por el cielo.
                    —¡A ver!
                     ¡Al fin!
                          ¿Qué?
                              ¡No!
                        Sólo era un pájaro,
                        no tú,
                        Miss X niña.
   El barman, ¡oh, qué triste!
         (Cerveza,
         Limonada.
         Whisky.
         Cocktail de ginebra.)
Ha pintado de negro las botellas.
Y las banderas,
alegrías del bar,
de negro, a media asta.
      ¡Y el cielo sin girar tu radiograma!
   Treinta barcos,
cuarenta barcos,
cuarenta hidroaviones

y un velero cargado de naranjas,
gritando por el mar y por las nubes.

                                    Nada.

¡Ah, Miss X! ¿Adónde?
S. M. el rey de tu país no come.
No duerme el rey.
Fuma.
Se muere por la costa en automóvil.
  Ministerios,
Bancos del oro,
Consulados,
Casinos,
Tiendas,
Parques,
cerrados.
  Y mientras, tú, en el viento
—¿te aprietan los zapatos?—,
Miss X, de los mares,
    —di, ¿te lastima el aire?—
  ¡Ah, Miss X, Miss X, qué fastidio!
Bostezo.
        Adiós…
            —Good bye…

  *(Ya nadie piensa en ti. Las mariposas
de acero
con las alas tronchadas,
incendiando los aires,
fijas sobre las dalias
movibles de los vientos.
Sol electrocutado.
Luna carbonizada.
Temor al oso blanco del invierno.
  Veda.
Prohibida la caza
marítima, celeste,
por orden del Gobierno.
  Ya nadie piensa en ti, Miss X niña.)*

Platko
(Santander, 20 de mayo de 1928)

Nadie se olvida, Platko,
no, nadie, nadie, nadie,
oso rubio de Hungría.
Ni el mar,
que frente a ti saltaba sin poder defenderte.
Ni la lluvia. Ni el viento, que era el que más regía.
Ni el mar, ni el viento, Platko,
rubio Platko de sangre,
guardameta en el polvo,
pararrayos.
No, nadie, nadie, nadie.
Camisetas azules y blancas, sobre el aire,
camisetas reales,
contrarias, contra ti, volando y arrastrándote,
Platko, Platko lejano,
rubio Platko tronchado,
tigre ardiendo en la yerba de otro país. ¡Tú, llave,
Platko, tú, llave rota,
llave áurea caída ante el pórtico áureo!
No, nadie, nadie, nadie,
nadie se olvida, Platko.
Volvió su espalda el cielo.
Camisetas azules y granas flamearon
apagadas, sin viento.
El mar, vueltos los ojos,
se tumbó y nada dijo.
Sangrando en los ojales,
sangrando por ti, Platko,
por tu sangre de Hungría,
sin tu sangre, tu impulso, tu parada, tu salto,
temieron las insignias.
No, nadie, Platko, nadie,
nadie, nadie se olvida.
Fue la vuelta del mar.
Fueron
diez rápidas banderas

incendiadas sin freno.
Fue la vuelta del viento.
La vuelta al corazón de la esperanza.
Fue tu vuelta.
    Azul heroico y grana,
mandó el aire en las venas.
Alas, alas celestes y blancas, rotas alas,
combatidas, sin plumas, escalaron la yerba.
    Y el aire tuvo piernas,
tronco, brazos, cabeza.
    ¡Y todo por ti, Platko,
rubio Platko de Hungría!
    Y en tu honor, por tu vuelta,
porque volviste el pulso perdido a la pelea,
en el arco contrario el viento abrió una brecha.
    Nadie, nadie se olvida.
    El cielo, el mar, la lluvia lo recuerdan.
Las insignias.
Las doradas insignias, flores de los ojales,
cerradas, por ti abiertas.
    No, nadie, nadie, nadie,
nadie se olvida, Platko.
    Ni el final: tu salida,
oso rubio de sangre,
desmayada bandera en hombros por el campo.
    ¡Oh, Platko, Platko, Platko,
tú, tan lejos de Hungría!
    ¿Qué mar hubiera sido capaz de no llorarte?
    Nadie, nadie se olvida,
no, nadie, nadie, nadie.

8

Carta abierta

                              (Falta el primer pliego)

... Hay peces que se bañan en la arena
y ciclistas que corren por las olas.
Yo pienso en mí. Colegio sobre el mar.
Infancia ya en balandro o bicicleta.

Globo libre, el primer balón flotaba
sobre el grito espiral de los vapores.
Roma y Cartago frente a frente iban,
marineras fugaces sus sandalias.

Nadie bebe latín a los diez años.
El Algebra, ¡quién sabe lo que era!
La Física y la Química, ¡Dios mío,
si ya el sol se cazaba en hidroplano!

… Y el cine al aire libre. Ana Bolena,
no sé por qué, de azul, va por la playa.
Si el mar no la descubre, un policía
la disuelve en la flor de su linterna.

Bandoleros de smoking, a mis ojos
sus pistolas apuntan. Detenidos,
por ciudades de cielos instantáneos,
me los llevan sin alma, vista sólo.

Nueva York está en Cádiz o en el Puerto.
Sevilla está en París, Islandia o Persia.
Un chino no es un chino. Un transeúnte
puede ser blanco al par que verde y negro.

En todas partes, tú, desde tu rosa,
desde tu centro inmóvil, sin billete,
muda la lengua, riges rey de todo…
Y es que el mundo es un álbum de postales.

Multiplicado pasas en los vientos,
en la fuga del tren y los tranvías.
No en ti muere el relámpago que piensas,
sino a un millón de lunas de tus labios.

Yo nací —¡respetadme!— con el cine.
Bajo una red de cables y aviones.
Cuando abolidas fueron las carrozas
de los reyes y al auto subió el Papa.

Vi los telefonemas que llovían,
plumas de ángel azul, desde los cielos.
Las orquestas seráficas del aire
guardó el auricular en mis oídos.

De lona y níquel, peces de las nubes
bajan al mar periódicos y cartas.

(Los carteros no creen en las sirenas
ni en el vals de las olas, sí en la muerte.
  Y aún hay calvas marchitas a la luna
y llorosos cabellos en los libros.
Un polisón de nieve, blanqueando
las sombras, se suicida en los jardines.
  ¿Qué será de mi alma que hace tiempo
bate el récord continuo de la ausencia?
¿Qué de mi corazón que ya ni brinca,
picado ante el azar y el accidente?)
  Exploradme los ojos, y, perdidos,
os herirán las ansias de los náufragos,
la balumba de nortes ya difuntos,
el solo bamboleo de los mares.
Cascos de chispa y pólvora, jinetes
sin alma y sin montura entre los trigos;
basílicas de escombros, levantadas
trombas de fuego, sangre, cal, ceniza.
  Pero también, un sol en cada brazo,
el alba aviadora, pez de oro,
sobre la frente un número, una letra,
y en el pico una carta azul, sin sello.
  Nuncio —la voz, eléctrica, y la cola—
del aceleramiento de los astros,
del confín del amor, del estampido
de la rosa mecánica del mundo.
  Sabed de mí, que dije por teléfono
mi madrigal dinámico a los hombres:
¿Quién eres tú, de acero, rayo y plomo?
—Un relámpago más, la nueva vida.

(Falta el último pliego)

Yo era un tonto
y lo que he visto me ha hecho
dos tontos (1929)

> ... yo era un tonto y lo que he visto
> me ha hecho dos tontos.
>
> Calderón de la Barca

Cita triste de Charlot

Mi corbata, mis guantes,
mis guantes, mi corbata.
La mariposa ignora la muerte de los sastres,
la derrota del mar por los escaparates.
Mi edad, señores, 900.000 años.
¡Oh!
Era yo un niño cuando los peces no andaban,
cuando las ocas no decían misa
ni el caracol embestía al gato.
Juguemos al ratón y al gato, señorita.
Lo más triste, caballero, un reloj:
las 11, las 12, la 1, las 2.
A las tres en punto morirá un transeúnte.
Tú, luna, no te asustes,
tú, luna, de los taxis retrasados,
luna de hollín de los bomberos.

La ciudad está ardiendo por el cielo,
un traje igual al mío se hastía por el campo.
Mi edad, de pronto, 25 años.
   Es que nieva, que nieva
y mi cuerpo se vuelve choza de madera.
Yo te invito al descanso, viento.
Muy tarde es ya para cenar estrellas.
   Pero podemos bailar, árbol perdido.
Un vals para los lobos,
para el sueño de la gallina sin las uñas del zorro.
   Se me ha extraviado el bastón.
Es muy triste pensarlo solo por el mundo.
¡Mi bastón!
   Mi sombrero, mis puños,
mis guantes, mis zapatos.
   El hueso que más duele, amor mío, es el reloj:
las 11, las 12, la 1, las 2.
   Las 3 en punto.
En la farmacia se evapora un cadáver desnudo.

Harold Lloyd, estudiante

   ¿Tiene usted el paraguas?
Avez-vous le parapluie?
   No, señor, no tengo el paraguas.
Non, monsieur, je n'ai pas le parapluie.
   Alicia, tengo el hipopótamo.
L'hippopotame para ti.
Avez-vous le parapluie?
   Oui.
Yes.
Sí.
   Que, cual, quien, cuyo.
Si la lagarta es amiga mía,
evidentemente el escarabajo es amigo tuyo.
   ¿Fuiste tú la que tuvo la culpa de la lluvia?
Tú no tuviste nunca la culpa de la lluvia.
Alicia, Alicia, yo fui,
yo que estudio por ti

y por esta mosca inconsciente, ruiseñor de mis gafas
    en flor,
    29, 28, 27, 26, 25, 24, 23, 22.
2 π, r, π r 2
y se convirtió en mulo Nabucodonosor
y tu alma y la mía en un ave real del Paraíso.
    Ya los peces no cantan en el Nilo
ni la luna se pone para las dalias del Ganges.
Alicia,
¿por qué me amas con ese aire tan triste de cocodrilo
y esa pena profunda de ecuación de segundo grado?
    Le printemps pleut sur Les Anges.
    La primavera llueve sobre Los Angeles
en esa triste hora en que la policía
ignora el suicidio de los triángulos isósceles
mas la melancolía de un logaritmo neperiano
y el unibusquibusque facial.
    En esa triste hora en que la luna viene a ser casi igual
a la desgracia integral
de este amor mío multiplicado por X
y a las alas de la tarde que se dobla sobre una flor de
    acetileno
o una golondrina de gas.
    De este puro amor mío tan delicadamente idiota.
Quousque tandem abutere Catilina patientia nostra?
    Tan dulce y deliberadamente idiota,
capaz de hacer llorar a la cuadratura del círculo
y obligar a ese tonto de D. Nequaqua Schmit a subastar
    públicamente esas estrellas propiedad de los ríos
y esos ojos azules que me abren los rascacielos.
    ¡Alicia, Alica, amor mío!
¡Alicia, Alicia, cabra mía!
Sígueme por el aire en bicicleta,
aunque la policía no sepa astronomía,
la policía secreta.
    Aunque la policía ignore que un soneto
consta de dos cuartetos
y dos tercetos.

Buster Keaton busca por el bosque a su novia,
que es una verdadera vaca
(Poema representable)

1, 2, 3 y 4.
En estas cuatro huellas no caben mis zapatos.
Si en estas cuatro huellas no caben mis zapatos,
¿de quién son estas cuatro huellas?
¿De un tiburón,
de un elefante recién nacido o de un pato?
¿De una pulga o de una codorniz?
(Pi, pi, pi.)
   ¡Georginaaaaaaaa!
¿Dónde estás?
¡Que no te oigo, Georgina!
¿Qué pensarán de mí los bigotes de tu papá?
   (Paapáááá.)
   ¡Georginaaaaaaaa!
¿Estás o no estás?
   Abeto, ¿dónde está?
Alisio, ¿dónde está?
Pinsapo, ¿dónde está?
   ¿Georgina pasó por aquí?
   (Pi, pi, pi, pi.)
   Ha pasado a la una comiendo yerbas.
Cucú,
el cuervo la iba engañando con una flor de reseda.
Cuacuá,
la lechuza con una rata muerta.
   ¡Señores, perdonadme, pero me urge llorar!
(Guá, guá, guá, guá.)
   ¡Georgina!
Ahora que te faltaba un solo cuerno
para doctorarte en la verdaderamente útil carrera de
      ciclista
y adquirir una gorra de cartero.
   (Cri, cri, cri, cri.)
   Hasta los grillos se apiadan de mí
y me acompaña en mi dolor la garrapata.

Compadécete del smoking que te busca y te llora entre los
    aguaceros
y del sombrero hongo que tiernamente
te presiente de mata en mata.
   ¡Georginaaaaaaaaaaaaaaaaaa!
   (Maaaaaaa.)
   ¿Eres una dulce niña o eres una verdadera vaca?
Mi corazón siempre me dijo que eras una verdadera vaca.
Tu papá, que eras una dulce niña.
Mi corazón, que eras una verdadera vaca.
Una dulce niña.
Una verdadera vaca.
Una niña.
Una vaca.
¿Una niña o una vaca?
O ¿una niña y una vaca?
    Yo nunca supe nada.
              Adiós, Georgina.
                   (¡Pum!)

... huésped de las
nieblas...
G. A. Bécquer

HUESPED DE LAS NIEBLAS

Paraíso perdido

A través de los siglos,
por la nada del mundo,
yo, sin sueño, buscándote.
Tras de mí, imperceptible,
sin rozarme los hombros,
mi ángel muerto, vigía.
¿Adónde el Paraíso,
sombra, tú que has estado?
Pregunta con silencio.
Ciudades sin respuesta,
ríos sin habla, cumbres
sin ecos, mares mudos.
Nadie lo sabe. Hombres
fijos, de pie, a la orilla
parada de las tumbas,

me ignoran. Aves tristes,
cantos petrificados,
en éxtasis el rumbo,
   ciegas. No saben nada.
Sin sol, vientos antiguos,
inertes, en las leguas
   por andar, levantándose
calcinados, cayéndose
de espaldas, poco dicen.
   Diluidos, sin forma
la verdad que en sí ocultan,
huyen de mí los cielos.
   Ya en el fin de la Tierra,
sobre el último filo,
resbalando los ojos,
   muerta en mí la esperanza,
ese pórtico verde
busco en las negras simas.
   ¡Oh boquete de sombras!
¡Hervidero del mundo!
¡Qué confusión de siglos!
   ¡Atrás! ¡Atrás! ¡Qué espanto
de tinieblas sin voces!
¡Qué perdida mi alma!
   —Angel muerto, despierta.
¿Dónde estás? Ilumina
con tu rayo el retorno.
   Silencio. Más silencio.
Inmóviles los pulsos
del sinfín de la noche.
   ¡Paraíso perdido!
Perdido por buscarte,
yo, sin luz para siempre.

Desahucio

   Angeles malos o buenos,
que no sé,
te arrojaron en mi alma.

    Sola,
sin muebles y sin alcobas,
deshabitada.
    De rondón, el viento hiere
las paredes,
las más finas, vítreas láminas.
    Humedad. Cadenas. Gritos.
Ráfagas.
    Te pregunto:
¿cuándo abandonas la casa,
dime,
qué ángeles malos, crueles,
quieren de nuevo alquilarla?
    Dímelo.

El ángel desconocido

    ¡Nostalgia de los arcángeles!
Yo era...
Miradme.
    Vestido como en el mundo,
ya no se me ven las alas.
Nadie sabe cómo fui.
No me conocen.
    Por las calles, ¿quién se acuerda?
Zapatos son mis sandalias.
Mi túnica, pantalones
y chaqueta inglesa.
Dime quién soy.
    Y, sin embargo, yo era...
    Miradme.

El cuerpo deshabitado

    Yo te arrojé de mi cuerpo,
yo, con un carbón ardiendo.
    —Vete.

Madrugada.
La luz, muerta en las esquinas
y en las casas.
Los hombres y las mujeres
ya no estaban.
—Vete.
Quedó mi cuerpo vacío,
negro saco, a la ventana.
Se fue.
Se fue, doblando las calles.
Mi cuerpo anduvo, sin nadie.

*

¿Quién sacude en mi almohada
reinados de yel y sangre,
cielos de azufre,
mares de vinagre?
¿Qué voz difunta los manda?
Contra mí, mundos enteros,
contra mí, dormido,
maniatado,
indefenso.
Nieblas de a pie y a caballo,
nieblas regidas
por humos que yo conozco,
en mí enterrados,
van a borrarme.
Y se derrumban murallas,
los fuertes de las ciudades
que me velaban.
Y se derrumban las torres,
las empinadas
centinelas de mi sueño.
Y el viento,
la tierra,
la noche.

*

Tú. Yo. (Luna.) Al estanque.
Brazos verdes y sombras
te apretaban el talle.
Recuerdo. No recuerdo.
¡Ah, sí! Pasaba un traje
deshabitado, hueco,
cal muerta, entre los árboles.
Yo seguía... Dos voces
me dijeron que a nadie.

*

Dándose contra los quicios,
contra los árboles.
La luz no le ve, ni el viento,
ni los cristales.
Ya, ni los cristales.
No conoce las ciudades.
No las recuerda.
Va muerto.
Muerto de pie, por las calles.
No le preguntéis. ¡Prendedle!
No, dejadle.
Sin ojos, sin voz, sin sombra.
Ya, sin sombra.
invisible para el mundo,
para nadie.

*

I

Llevaba una ciudad dentro.
La perdió.
Le perdieron.

  Solo, en el filo del mundo,
clavado ya, de yeso.
No es un hombre, es un boquete
de humedad, negro,
por el que no se ve nada.
  Grito.
¡Nada!
  Un boquete, sin eco.

II

  Llevaba una ciudad dentro.
Y la perdió sin combate.
Y le perdieron.
  Sombras vienen a llorarla,
a llorarle.
  —Tú, caída,
tú, derribada,
tú,
la mejor de las ciudades.
  Y tú, muerto,
tú, una cueva,
un pozo tú, seco.
  Te dormiste.
Y ángeles turbios, coléricos,
la carbonizaron.
Te carbonizaron tu sueño.
  Y ángeles turbios, coléricos,
carbonizaron tu álma,
tu cuerpo.

El ángel bueno

  Un año, ya dormido,
alguien que no esperaba
se paró en mi ventana.

—¡Levántate! Y mis ojos
vieron plumas y espadas.
   Atrás, montes y mares,
nubes, picos y alas,
los ocasos, las albas.
   —¡Mírala ahí! Su sueño,
pendiente de la nada.
   —¡Oh anhelo, fijo mármol,
fija luz, fijas aguas
movibles de mi alma!
   Alguien dijo: ¡Levántate!
Y me encontré en tu estancia.

Los ángeles bélicos
(Norte, Sur)

   Viento contra viento.
Yo, torre sin mando, en medio.
   Remolinos de ciudades
bajan los desfiladeros.
Ciudades del viento sur,
que me vieron.
   Por las neveras, rodando,
pueblos.
Pueblos que yo desconozco,
ciudades del viento norte,
que no me vieron.
   Gentío de mar y tierra,
nombres, preguntas, recuerdos,
frente a frente.
Balumbas de frío encono,
cuerpo a cuerpo.
   Yo, torre sin mando, en medio,
lívida torre colgada
de almas muertas que me vieron,
que no me vieron.
   Viento contra viento.

El ángel de los números

   Vírgenes con escuadras
y compases, velando
las celestes pizarras.
   Y el ángel de los números,
pensativo, volando
del 1 al 2, del 2
al 3, del 3 al 4.
   Tizas frías y esponjas
rayaban y borraban
la luz de los espacios.
   Ni sol, luna, ni estrellas,
ni el repentino verde
del rayo y el relámpago,
ni el aire. Sólo nieblas.
   Vírgenes sin escuadras,
sin compases, llorando.
   Y en las muertas pizarras,
el ángel de los números,
sin vida, amortajado
sobre el 1 y el 2,
sobre el 3, sobre el 4...

Canción del ángel sin suerte

   Tú eres lo que va:
agua que me lleva,
que me dejará.
   Buscadme en la ola.
   Lo que va y no vuelve:
viento que en la sombra
se apaga y se enciende.
   Buscadme en la nieve.
   Lo que nadie sabe:
tierra movediza
que no habla con nadie.
   Buscadme en el aire.

Invitación al aire

Te invito, sombra, al aire.
Sombra de veinte siglos,
a la verdad del aire,
del aire, aire, aire.
Sombra que nunca sales
de tu cueva y al mundo
no devolviste el silbo
que al nacer te dio el aire,
el aire, aire, aire.
Sombra sin luz, minera
por las profundidades
de veinte tumbas, veinte
siglos huecos sin aire,
sin aire, aire, aire.
¡Sombra, a los picos, sombra,
de la verdad del aire,
del aire, aire, aire!

Los ángeles mohosos

Hubo luz que trajo
por hueso una almendra amarga.
Voz que por sonido,
el fleco de la lluvia,
cortado por un hacha.
Alma que por cuerpo,
la funda de aire
de una doble espada.
Venas que por sangre,
yel de mirra y de retama.
Cuerpo que por alma,
el vacío, nada.

El ángel bueno

Dentro del pecho se abren
corredores anchos, largos,
que sorben todas las mares.
  Vidrieras,
que alumbran todas las calles.
  Miradores,
que acercan todas las torres.
  Ciudades deshabitadas
se pueblan, de pronto. Trenes
descarrilados, unidos
marchan.
  Naufragios antiguos flotan.
La luz moja el pie en el agua.
  ¡Campanas!
  Gira más de prisa el aire.
El mundo, con ser el mundo,
en la mano de una niña
cabe.
  ¡Campanas!
  Una carta del cielo bajó un ángel.

HUESPED DE LAS NIEBLAS

Los dos ángeles

Angel de luz, ardiendo,
¡oh, ven!, y con tu espada
incendia los abismos donde yace
mi subterráneo ángel de las nieblas.
  ¡Oh espadazo en las sombras!
Chispas múltiples,
clavándose en mi cuerpo,
en mis alas sin plumas,
en lo que nadie ve,
vida.

Me estás quemando vivo.
Vuela ya de mí, oscuro
Luzbel de las canteras sin auroras,
de los pozos sin sueño,
ya carbón de espíritu,
sol, luna.
Me duelen los cabellos
y las ansias. ¡Oh, quémame!
¡Más, más, sí, sí, más! ¡Quémame!
¡Quémalo, ángel de luz, custodio mío,
tú que andabas llorando por las nubes,
tú, sin mí, tú, por mí,
ángel frío de polvo, ya sin gloria,
volcado en las tinieblas!
¡Quémalo, ángel de luz,
quémame y huye!

Los ángeles de la prisa

Espíritus de seis alas,
seis espíritus pajizos,
me empujaban.
Seis ascuas.
Acelerado aire era mi sueño
por las aparecidas esperanzas
de los rápidos giros de los cielos,
de los veloces, espirales pueblos,
rodadoras montañas,
raudos mares, riberas, ríos, yermos.
Me empujaban.
Enemiga era la tierra,
porque huía.
Enemigo el cielo,
porque no paraba.
Y tú, mar,
y tú, fuego,
y tú,
acelerado aire de mi sueño.

   Seis ascuas,
oculto el nombre y las caras,
empujándome de prisa.
   ¡Paradme!
Nada.
¡Paradme todo, un momento!
Nada.
   No querían
que yo me parara en nada.

El ángel ángel

   Y el mar fue y le dio un nombre
y un apellido el viento
y las nubes un cuerpo
y un alma el fuego.
   La tierra, nada.
   Ese reino movible,
colgado de las águilas,
no la conoce.
   Nunca escribió su sombra
la figura de un hombre.

El ángel de carbón

   Feo, de hollín y fango.
¡No verte!
   Antes, de nieve, áureo,
en trineo por mi alma.
Cuajados pinos. Pendientes.
   Y ahora por las cocheras,
de carbón, sucio.
¡Te lleven!
   Por los desvanes de los sueños rotos.
Telarañas. Polillas. Polvo.
¡Te condenen!

Tiznados por tus manos,
mis muebles, mis paredes.
En todo,
tu estampado recuerdo
de tinta negra y barro.
¡Te quemen!
    Amor, pulpo de sombra,
malo.

El *ángel envidioso*

    Leñadores son, ¡defiéndete!,
esas silbadoras hachas
que mueven mi lengua.
    Hoces de los vientos malos
¡alerta!
que muerden mi alma.
    Torre de desconfianza,
tú.
    Tú, torre del oro, avara.
Ciega las ventanas,
        O no, mira.
    Hombres arrasados, fijos,
por las ciudades taladas.
Pregúntales.
    O no, escucha.
    Un cielo, verde de envidia,
rebosa mi boca y canta.
Yo, un cielo...
    Ni escuches ni mires. Yo...
Ciega las ventanas.

El *ángel tonto*

    Ese ángel,
ése que niega el limbo de su fotografía
y hace pájaro muerto
su mano.

Ese ángel que teme que le pidan las alas,
que le besen el pico,
seriamente,
sin contrato.
　　Si es del cielo y tan tonto,
¿por qué en la tierra? Dime.
Decidme.
　　No en las calles, en todo,
indiferente, necio,
me lo encuentro.
¡El ángel tonto!
　　¡Si será de la tierra!
　　—Sí, de la tierra sólo.

El ángel del misterio

　　Un sueño sin faroles y una humedad de olvidos,
pisados por un nombre y una sombra.
No sé si por un nombre o muchos nombres,
si por una sombra o muchas sombras.
Reveládmelo.
　　Sé que habitan los pozos frías voces,
que son de un solo cuerpo o muchos cuerpos,
de un alma sola o muchas almas.
No sé.
Decídmelo.
　　Que un caballo sin nadie va estampando
a su amazona antigua por los muros.
Que en las almenas grita, muerto, alguien
que yo toqué, dormido, en un espejo,
que yo, mudo, le dije...
No sé.
Explicádmelo.

El alma en pena

　　Ese alma en pena, sola,
ese alma en pena siempre perseguida
por un resplandor muerto.
Por un muerto.

Cerrojos, llaves, puertas
saltan a deshora
y cortinas heladas en la noche se alargan,
se estiran,
se incendian,
se prolongan.
    Te conozco,
te recuerdo,
bujía inerte, lívido halo, nimbo difunto,
te conozco aunque ataques diluido en el viento.
    Párpados desvelados
vienen a tierra.
Sísmicos latigazos tumban sueños,
terremotos derriban las estrellas.
Catástrofes celestes tiran al mundo escombros,
alas rotas, laúdes, cuerdas de arpas,
restos de ángeles.
    No hay entrada en el cielo para nadie.
    En pena, siempre en pena,
alma perseguida.
A contraluz siempre,
nunca alcanzada, sola,
alma sola.
    Aves contra barcos,
hombres contra rosas,
las perdidas batallas en los trigos,
la explosión de la sangre en las olas.
Y el fuego.
El fuego muerto,
el resplandor sin vida,
siempre vigilante en la sombra.
    Alma en pena:
el resplandor sin vida,
tu derrota.

El ángel bueno

    Vino el que yo quería,
el que yo llamaba.

No aquel que barre cielos sin defensas,
luceros sin cabañas,
¡lunas sin patria,
nieves.
Nieves de esas caídas de una mano,
un nombre,
un sueño,
una frente.
No aquel que a sus cabellos
ató la muerte.
El que yo quería.
Sin arañar los aires,
sin herir hojas ni mover cristales.
Aquel que a sus cabellos
ató el silencio.
Para, sin lastimarme,
cavar una ribera de luz dulce en mi pecho
y hacerme el alma navegable.

HUESPED DE LAS NIEBLAS

Tres recuerdos del cielo

Homenaje a Gustavo Adolfo Bécquer.

PROLOGO

No habían cumplido años ni la rosa ni el arcángel.
Todo, anterior al balido y al llanto.
Cuando la luz ignoraba todavía
si el mar nacería niño o niña.
Cuando el viento soñaba melenas que peinar
y claveles el fuego que encender y mejillas
y el agua unos labios parados donde beber.
Todo, anterior al cuerpo, al nombre y al tiempo.
Entonces, yo recuerdo que, una vez, en el cielo...

*

PRIMER RECUERDO

> ... una azucena tronchada...
>
> G. A. Bécquer

Paseaba con un dejo de azucena que piensa,
casi de pájaro que sabe ha de nacer.
Mirándose sin verse a una luna que le hacía espejo el sueño
y a un silencio de nieve, que le elevaba los pies.
A un silencio asomada.
Era anterior al arpa, a la lluvia y a las palabras.
No sabía.
Blanca alumna del aire,
temblaba con las estrellas, con la flor y los árboles.
Su tallo, su verde talle.
Con las estrellas mías
que, ignorantes de todo,
por cavar dos lagunas en sus ojos
la ahogaron en dos mares.
Y recuerdo...
Nada más: muerta, alejarse.

*

SEGUNDO RECUERDO

> ... rumor de besos y batir de alas...
>
> G. A. Bécquer

También antes,
mucho antes de la rebelión de las sombras,
de que al mundo cayeran plumas incendiadas
y un pájaro pudiera ser muerto por un lirio.
Antes, antes que tú me preguntaras
el número y el sitio de mi cuerpo.
Mucho antes del cuerpo.
En la época del alma.
Cuando tú abriste en la frente sin corona, del cielo,
la primera dinastía del sueño.
Cuando tú, al mirarme en la nada,
inventaste la primera palabra.
Entonces, nuestro encuentro.

*

TERCER RECUERDO

> ... detrás del abanico
> de plumas de oro...
>
> G. A. Bécquer

Aún los valses del cielo no habían desposado al jazmín
    y la nieve,
ni los aires pensado en la posible música de tus cabellos,
ni decretado el rey que la violeta se enterrara en un libro.
No.
Era la era en que la golondrina viajaba
sin nuestras iniciales en el pico.
En que las campanillas y las enredaderas
morían sin balcones que escalar y estrellas.
La era
en que al hombro de un ave no había flor que apoyara la
    cabeza.
    Entonces, detrás de tu abanico, nuestra luna primera.

El *alba denominadora*

A embestidas suaves y rosas, la madrugada te iba po-
niendo nombres:
Sueño equivocado, Ángel sin salida, Mentira de lluvia en
    bosque.
Al lindero de mi alma que recuerda los ríos,
indecisa, dudó, inmóvil:
¿Vertida estrella, Confusa luz en llanto, Cristal sin voces?
No.
Error de nieve en agua, tu nombre.

El *ángel de las bodegas*

Fue cuando la flor del vino se moría en penumbra
y dijeron que el mar la salvaría del sueño.
Aquel día bajé a tientas a tu alma encalada y húmeda
y comprobé que un alma oculta frío y escaleras
y que más de una ventana puede abrir con su eco otra voz,
    si es buena.

Te vi flotar a ti, flor de agonía, flotar sobre tu mismo
    espíritu.
(Alguien había jurado que el mar te salvaría del sueño.)
Fue cuando comprobé que murallas se quiebran con
    suspiros
y que hay puertas al mar que se abren con palabras.

*

La flor del vino, muerta en los toneles,
sin haber visto nunca la mar, la nieve.
    La flor del vino, sin probar el té,
sin haber visto nunca un piano de cola.
    Cuatro arrumbadores encalan los barriles.
Los vinos dulces, llorando, se embarcan a deshora.
    La flor del vino blanco, sin haber visto el mar, muerta.
Las penumbras se beben el aceite y un ángel, la cera.
    He aquí paso a paso toda mi larga historia.
Guardadme el secreto, aceitunas, abejas.

Muerte y juicio
(Muerte)

A un niño, a un solo niño que iba para piedra nocturna,
para ángel indiferente de una escala sin cielo...
Mirad. Conteneos la sangre, los ojos.
A sus pies, él mismo, sin vida.
    No aliento de farol moribundo
ni jadeada amarillez de noche agonizante,
sino dos fósforos fijos de pesadilla eléctrica,
clavados sobre su tierra en polvo, juzgándola.
Él, resplandor sin salida, lividez sin escape, yacente,
    juzgándose.

*

(Juicio)

Tizo electrocutado, infancia mía de ceniza, a mis pies,
    tizo yacente.
Carbunclo hueco, negro, desprendido de un ángel que iba
    para piedra nocturna,
para límite entre la muerte y la nada.
Tú: yo: niño.
    Bambolea el viento un vientre de gritos anteriores al
    mundo,
a la sorpresa de la luz en los ojos de los recién nacidos,
al descenso de la vía láctea a las gargantas terrestres.
Niño.
    Una cuna de llamas, de norte a sur,
de frialdad de tiza amortajada en los yelos
a fiebre de paloma agonizando en el área de una bujía,
una cuna de llamas, meciéndote las sonrisas, los llantos.
Niño.
    Las primeras palabras, abiertas en las penumbras de los
    sueños sin nadie,
en el silencio rizado de las albercas o en el eco de los
    jardines,
devoradas por el mar y ocultas hoy en un hoyo sin viento.
Muertas, como el estreno de tus pies en el cansancio frío
    de una escalera.
Niño.
    Las flores, sin piernas para huir de los aires crueles,
de su espoleo continuo al corazón volante de las nieves y
    los pájaros,
desangradas en un aburrimiento de cartillas y pizarrines.
4 y 4 son 8. Y la X, una K, una H, una J.
Niño.
    En un trastorno de ciudades marítimas sin crepúsculos,
de mapas confundidos y desiertos barajados,
atended a unos ojos que preguntan por los afluentes del
    cielo,
a una memoria extraviada entre nombres y fechas.
Niño.

Perdido entre ecuaciones, triángulos, fórmulas y preci-
    pitados azules,
entre el suceso de la sangre, los escombros y las coronas
    caídas,
cuando los cazadores de oro y el asalto a la banca,
en el rubor tardío de las azoteas
voces de ángeles te anunciaron la botadura y pérdida de
    tu alma.
Niño.
    Y como descendiste al fondo de las mareas,
a las urnas donde el azogue, el plomo y el hierro preten-
    den ser humanos,
tener honores de vida,
a la deriva de la noche tu traje fue dejándote solo.
Niño.
    Desnudo, sin los billetes de inocencia fugados en tus
    bolsillos,
derribada en tu corazón y sola su primera silla,
no creíste ni en Venus que nacía en el compás abierto de
    tus brazos
ni en la escala de plumas que tiende el sueño de Jacob al
    de Julio Verne.
Niño.
    Para ir al infierno no hace falta cambiar de sitio ni
    postura.

Expedición

    Porque resbalaron hacia el frío los ángeles y las casas,
el ánade y el abeto durmieron nostálgicos aquella noche.
Se sabía que el humo viajaba sin fuego,
que por cada tres osos la luna había perdido seis guarda-
    bosques.
    Desde lejos, desde muy lejos,
mi alma desempañaba los cristales del tranvía
para hundirse en la niebla movible de los faroles.
La guitarra en la nieve sepultaba a una rosa.
La herradura a una hoja seca.
Un sereno es un desierto.

Se ignora el paradero de la Virgen y las ocas,
la guarida de la escarcha y la habitación de los vientos.
No se sabe si el sur emigró al norte o al oeste.
10.000 dólares de oro a quien se case con la nieve.
    Pero he aquí a Eva Gúndersen.

Los ángeles colegiales

    Ninguno comprendíamos el secreto nocturno de las
        pizarras
ni por qué la esfera armilar se exaltaba tan sola cuando la
        mirábamos.
Sólo sabíamos que una circunferencia puede no ser
        redonda
y que un eclipse de luna equivoca a las flores
y adelanta el reloj de los pájaros.
    Ninguno comprendíamos nada:
ni por qué nuestros dedos eran de tinta china
y la tarde cerraba compases para al alba abrir libros.
Sólo sabíamos que una recta, si quiere, puede ser curva o
        quebrada
y que las estrellas errantes son niños que ignoran la
        aritmética.

Invitación al arpa

    Lejos, lejos.
Adonde las estancias olvidan guantes de polvo
y las consolas sueñan párpados y nombres ya idos.
Un sombrero se hastía
y unos lazos sin bucles se cansan.
Si las violetas se aburren,
es porque están nostálgicas de moaré y abanicos.
    Lejos, más lejos.
A los cielos rasos donde las goteras
abren sus mapas húmedos para que viajen los lechos.
Adonde los muelles se hunden sin esperanza
y rostros invisibles avetan los espejos.
    Al país de las telas de araña.

*

Más lejos, mucho más lejos.
A la luna disecada entre la hoja de un álamo y la pasión
    de un libro.
Sé que hay yelos nocturnos que ocultan candelabros
y que la muerte tiembla en el sueño movible de las bujías.
Un maniquí de luto agoniza sobre un nardo.
Una voz desde el olvido mueve el agua dormida de los
    pianos.
    Siempre, siempre más lejos.
Adonde las maderas guardan ecos y sombras de pasos,
adonde las polillas desvelan el silencio de las corbatas,
adonde todo un siglo es un arpa en abandono.

Castigos

Es cuando golfos y bahías de sangre,
coagulados de astros difuntos y vengativos,
inundan los sueños.
    Cuando golfos y bahías de sangre
atropellan la navegación de los lechos
y a la diestra del mundo muere olvidado un ángel.
Cuando saben a azufre los vientos
y las bocas nocturnas a hueso, vidrio y alambre.
Oídme.
    Yo no sabía que las puertas cambiaban de sitio,
que las almas podían ruborizarse de sus cuerpos,
ni que al final de un túnel la luz traía la muerte.
Oídme aún.
    Quieren huir los que duermen.
Pero esas tumbas del mar no son fijas,
esas tumbas que se abren por abandono y cansancio del
    cielo
no son estables,
y las albas tropiezan con rostros desfigurados.
Oídme aún. Más todavía.
    Hay noches en que las horas se hacen de piedra en los
    espacios,
en que las venas no andan
y los silencios yerguen siglos y dioses futuros.

Un relámpago baraja las lenguas y trastorna las palabras.
Pensad en las esferas derruidas,
en las órbitas secas de los hombres deshabitados,
en los milenios mudos.
Más, más todavía. Oídme.
    Se ve que los cuerpos no están en donde estaban,
que la luna se enfría de ser mirada
y que el llanto de un niño deforma las constelaciones.
Cielos enmohecidos nos oxidan las frentes desiertas,
donde cada minuto sepulta su cadáver sin nombre.
Oídme, oídme por último.
    Porque siempre hay un último posterior a la caída de
        los páramos,
al advenimiento del frío en los sueños que se descuidan,
a los derrumbos de la muerte sobre el esqueleto de la nada.

El ángel falso

    Para que yo anduviera entre los nudos de las raíces
y las viviendas óseas de los gusanos.
Para que yo escuchara los crujidos descompuestos del
        mundo
y mordiera la luz petrificada de los astros,
al oeste de mi sueño levantaste tu tienda, ángel falso.
    Los que unidos por una misma corriente de agua me
        veis,
los que atados por una traición y la caída de una estrella
        me escucháis,
acogeos a las voces abandonadas de las ruinas.
Oíd la lentitud de una piedra que se dobla hacia la muerte.
    No os soltéis de las manos.
    Hay arañas que agonizan sin nido
y yedras que al contacto de un hombre se incendian y
        llueven sangre.
La luna transparenta el esqueleto de los lagartos.
    Si os acordáis del cielo,
la cólera del frío se erguirá aguda en los cardos
o en el disimulo de las zanjas que estrangulan
el único descanso de las auroras: las aves.

Quienes piensen en los vivos verán moldes de arcilla
habitados por ángeles infieles, infatigables:
los ángeles sonámbulos que gradúan las órbitas de la
     fatiga.
    ¿Para qué seguir andando?
Las humedades son íntimas de los vidrios en punta
y después de un mal sueño la escarcha despierta clavos
o tijeras capaces de helar el luto de los cuervos.
    Todo ha terminado.
Puedes envanecerte en la cauda marchita de los cometas
     que se hunden
de que mataste a un muerto,
de que diste a una sombra la longitud desvelada del llanto,
de que asfixiaste el estertor de las capas atmosféricas.

Los ángeles muertos

    Buscad, buscadlos:
en el insomnio de las cañerías olvidadas,
en los cauces interrumpidos por el silencio de las basuras.
No lejos de los charcos incapaces de guardar una nube,
unos ojos perdidos,
una sortija rota
o una estrella pisoteada.
    Porque yo los he visto:
en esos escombros momentáneos que aparecen en las
     neblinas.
Porque yo los he tocado:
en el desierto de un ladrillo difunto,
venido a la nada desde una torre o un carro.
Nunca más allá de las chimeneas que se derrumban
ni de esas hojas tenaces que se estampan en los zapatos.
    En todo esto.
Mas en esas astillas vagabundas que se consumen sin
     fuego,
en esas ausencias hundidas que sufren los muebles
     desvencijados,
no a mucha distancia de los nombres y signos que se
     enfrían en las paredes.

Buscad, buscadlos:
debajo de la gota de cera que sepulta la palabra de un
    libro
o la firma de uno de esos rincones de cartas
que trae rodando el polvo.
Cerca del casco perdido de una botella,
de una suela extraviada en la nieve,
de una navaja de afeitar abandonada al borde de un
    precipicio.

El ángel superviviente

Acordáos.
La nieve traía gotas de lacre, de plomo derretido
y disimulos de niña que ha dado muerte a un cisne.
Una mano enguantada, la dispersión de la luz y el lento
    asesinato.
La derrota del cielo, un amigo.
Acordáos de aquel día, acordáos
y no olvidéis que la sorpresa paralizó el pulso y el color
    de los astros.
En el frío, murieron dos fantasmas.
Por un ave, tres anillos de oro
fueron hallados y enterrados en la escarcha.
La última voz de un hombre ensangrentó el viento.
Todos los ángeles perdieron la vida.
Menos uno, herido, alicortado.

Sermón de las cuatro verdades

En frío, voy a revelaros lo que es un sótano por dentro.

Aquellos que al bucear a oscuras por una estancia no hayan derribado un objeto, tropezado contra una sombra o un mueble; o al atornillar una bujía, sentido en lo más íntimo de las uñas el arañazo eléctrico e instantáneo de otra alma, que se suelden con dos balas de piedra o plomo los oídos.

Huyan los que ignoran el chirriar de una sierra contra un clavo o el desconsuelo de una colilla pisada entre las soldaduras de las losas.

Permanezcan impasibles sobre los nudos de las maderas todos los que hayan oído, tocado y visto.

Van a saber lo que es un sótano por dentro.

La primera verdad es ésta:

No pudo aquel hombre sumergir sus fantasmas, porque siempre hay cielos reacios a que las superficies inexploradas revelen su secreto.

La mala idea de Dios la adivina una estrella en seguida.

Yo os aconsejo que no miréis al mar cuando es enfriado
   por el engrudo y papeles de estraza absorben los esque-
   letos de las algas.

Para un espíritu perseguido, los peces eran sólo una es-
   pina que se combaba al contacto de un grito de socorro
   o cuando las arenas de las costas, fundidas con el aceite
   hirviendo, volaban a cauterizar las espaldas del hombre.

No le habléis, desnudo como está, asediado por tres vahos
   nocturnos que le ahogan: uno amarillo, otro ceniza,
   otro negro.

Atended. Ésta es su voz:

—Mi alma está picada por el cangrejo de pinzas y com-
   pases candentes, mordida por las ratas y vigilada día y
   noche por el cuervo.

Ayudadme a cavar una ola, hasta que mis manos se con-
   viertan en raíces y de mi cuerpo broten hojas y alas.

Alguna vez mis ascendientes predijeron que yo sería un
   árbol solo en medio del mar, si la ira inocente de un
   rey no lo hubiera inundado de harina y cabelleras de
   almagra no azotaran la agonía de los navegantes.

Ya podéis envaneceros de la derrota de aquel hombre que
   anduvo por el océano endurecido para ahogar sus fan-
   tasmas y sólo consiguió que los moluscos se le adhirie-
   ran a la sangre y las algas más venenosas le chuparan
   los ojos cuando la libertad rempujaba hacia él, corneán-
   dole desde el demonio más alto de los rompehielos.

La segunda verdad es ésta:

Una estrella diluida en un vaso de agua devuelve a los
   ojos el color de las ortigas o del ácido prúsico.

   Pero para los que perdieron la vista en un cielo de va-
   caciones, lo mejor es que extiendan la diestra y com-
   prueben la temperatura de las lluvias.

Al que me está leyendo o escuchando, pido una sola síla-
   ba de misericordia si sabe lo que es el roce insistente
   de una mano contra las púas mohosas de un cepillo.

También le suplico una dosis mínima de cloruro de sodio
   para morder los dedos que aún sienten en sus venas la

nostalgia del estallido último de un sueño: el cráneo
diminuto de las aves.

He aquí al hombre.

Loco de tacto, arrastra cal de las paredes entre las uñas,
y su nombre y apellidos, rayados con fuego, desde los
vértices de los pulmones hasta las proximidades de las
ingles.

No le toquéis, ardiendo como está, asediado por millones
de manos que ansían pulsarlo todo.

Escuchadle. Ésta es su voz:

—Mi alma es sólo un cuerpo que fallece por fundirse y
rozarse con los objetos vivos y difuntos.

En mi cuerpo hubiera habitado un alma, si su sangre no
le llevara, desde el primer día que la luz se dio cuenta
de su inutilidad en el mundo, a sumergirse en los con-
tactos sin eco: como el de una piedra dormida contra
la lana sórdida de un cobertor o un traje.

Voy a revelaros un asombro que hará transparentar a los
espulgabueyes el pétreo caparazón de las tortugas y los
galápagos:

El hombre sin ojos sabe que las espaldas de los muertos
padecen de insomnio porque las tablas de los pinos son
demasiado suaves para soportar la acometida nocturna
de diez alcayatas candentes.

Si no os parece mal, decid a ese niño que desde el esca-
lón más bajo de los zaguanes pisotea las hormigas, que
su cabeza pende a la altura de una mano sin rumbo y
que nunca olvide que en el excremento de las aves se
hallan contenidas la oscuridad del infinito y la boca
de lobo.

La tercera verdad es ésta:

Para delicia de aquel hombre a punto de morder las can-
delas heladas que moldean los cuerpos sumergidos por
el Espíritu Santo en el sulfuro de los volcanes, la ago-
nía lenta de su enemigo se le apareció entre el légamo
inmóvil de una tinaja muerta de frío en un patio.

Vais a hacerme un favor, antes de que estallen las solda-
duras de los tubos y vuestras lenguas sean de tricalcina,

yodoformo o palo de escoba: electrizad las puertas y amarrad a la cola del gato una lata de petróleo para que la muchedumbre de los ratones no cuente a la penumbra de las despensas la conversión de unas manos en cilicios ante el horror de unos ojos parpadeantes.

Y como en las superficies sin rosas siempre se desaniman cascotes y ladrillos que dificultan la pureza de las alpargatas que sostienen el aburrimiento, el mal humor y cansancio del hombre, idlos aproximando cuidadosamente al filo de aquella concavidad limosa donde las burbujas agonizantes se suceden de segundo en segundo.

Porque no existe nada más saludable para la arcilla que madura la muerte como la postrera contemplación de un círculo en ruina.

Yo os prevengo, quebrantaniños y mujeres beodos que aceleráis las explosiones de los planetas y los osarios, yo os prevengo que cuando el alma de mi enemigo hecha bala de cañón perfore la Tierra y su cuerpo ignorante renazca en la torpeza del topo o en el hábito acre y amarillo que desprende la saliva seca del mulo, comenzará la perfección de los cielos.

Entretanto, gritad bien fuerte a esa multitud de esqueletos violentadores de cerraduras y tabiques, que aún no sube a la mano izquierda del hombre la sangre suficiente para estrangular bajo el limo una garganta casi desposeída ya del don entrecortado de la agonía.

La cuarta y última verdad es ésta:

Cuando los escabeles son mordidos por las sombras y unos pies poco seguros intentan comprobar si en los rincones donde el polvo se desilusiona sin huellas las telarañas han dado sepultura a la avaricia del mosquito, sobre el silencio húmedo y cóncavo de las bodegas se persiguen los diez ecos que desprende el cadáver de un hombre al chocar contra una superficie demasiado refractaria a la luz.

Es muy sabido que a las oscuridades sin compañía bajan en busca de su cuerpo los que atacados por la rabia

olvidaron que la corrupción de los cielos tuvo lugar la
misma noche en que el vinagre invadió los toneles y
descompuso las colchas de las vírgenes.
No abandonéis a aquel que os jura que cuando un difun-
to se emborracha en la Tierra su alma le imita en el
Paraíso.
Pero la de aquel hombre que yace entre las duelas comi-
das y los aros mohosos de los barriles abandonados,
se desespera en el fermento de las vides más agrias y
grita en la rebosadura de los vinos impuros.
Escuchad. Ésta es su voz:
—Mi casa era un saco de arpillera, inservible hasta para
remendar el agujero que abre una calumnia en la órbita
intacta de una estrella inocente.
No asustaros si os afirmo que yo, espíritu y alma de ese
muerto beodo, huía por las noches de mi fardo para
desangrarme las espaldas contra las puntas calizas de
los quicios oscuros.
Bien poco importa a la acidez de los mostos descompues-
tos que mi alegría se consuma a lo largo de las maderas
en las fermentaciones más tristes que tan sólo causan
la muerte al hormigón anónimo que trafica con su gra-
no de orujo.

En frío, ya sabéis lo que es un sótano por dentro.

Se han ido

Son las hojas,
las hojas derrotadas por un abuso de querer ser eternas,
de no querer pensar durante un espacio de seis lunas en
lo que es un desierto,
de no querer saber lo que es la insistencia de una gota
de agua sobre un cráneo desnudo clavado a la intem-
perie.
Pueden sobrevenirnos otras desgracias.
¿A cuántos estamos hoy?
Se barren y amontonan como los huesos que no adqui-
rieron en la vida la propiedad de una tumba.

Yo sé que te lastimo,
que ya no hay ámbitos para huir,
que la sangre de mis venas ha sufrido un arrebato de
  humo.
Tú tenías los ojos amarillos y ahora ya no puedes com-
  prender claramente lo que son las cenizas.
No estamos.
Éramos esto o aquello.

Morada del alma encarcelada

¿Qué me decís de las mazmorras inundadas de tinta co-
  rrompida, donde la furia de un formón enloquecido
  resquebraja el remordimiento?
A veces, las lloviznas más distantes de unos ojos sin cuen-
  cas para recoger una nube y el olvido de esas hojas que
  se destierran a sí mismas para ocultar a un pájaro re-
  cién muerto, son las causas de estas caídas.
Amigo, en las cárceles involuntarias, los tribunales de la
  tormenta son excesivamente severos: ni unas esposas
  para que los muros no sufran el envite de una concien-
  cia desesperada, ni una cuña de plomo para que unos
  labios no conversen con su propia sangre.
Mientras tanto, ¿qué es lo que piensas tú, alma remor-
  dida de un empalado vivo?
—¡Esas islas, esas islas que el agua de las lluvias ha ido
  infiltrando noche a noche en el desierto de estos cinco
  tabiques!

Espantapájaros

Ya en mi alma pesaban de tal modo los muertos futuros
que no podía andar ni un solo paso sin que las piedras
  revelaran sus entrañas.
¿Qué gritan y defienden esos trajes retorcidos por las
  exhalaciones?
Sangran ojos de mulos cruzados de escalofríos.
Se hace imposible el cielo entre tantas tumbas anegadas
  de setas corrompidas.
¿Adónde ir con las ansias de los que han de morirse?

La noche se desploma por un exceso de equipaje secreto.
Alabad a la chispa que electrocuta las huestes y los re-
baños.
Un hombre y una vaca perdidos.
  ¿Qué nuevas desventuras esperan a las hojas para este
    otoño?
Mi alma no puede ya con tanto cargamento sin destino.
El sueño para preservarse de las lluvias intenta una al-
quería.
Anteanoche no aullaron ya las lobas.
  ¿Qué espero rodeado de muertos al filo de una madru-
    gada indecisa?

Sermón de la sangre

Me llama, me grita, me advierte, me despeña y me alza,
hace de mi cabeza un yunque en medio de las olas, un
despiadado yunque contra quien deshacerme zumbando.
Hay que tomar el tren, le urge. No hay. Salió. Y ahora
me dice que ella misma lo hizo volar al alba, desapa-
recer íntegro ante un amanecer de toros desangrán-
dose a la boca de un túnel.
Sé qué estoy en la edad de obedecerla, de ir detrás de
su voz que atraviesa desde la hoja helada de los trigos
hasta el pico del ave que nunca pudo tomar tierra y
aguarda que los cielos se hagan cuarzo algún día para
al fin detenerse un solo instante.
La edad terrible de violentar con ella las puertas más
cerradas, los años más hundidos por los que hay que
descender a tientas, siempre con el temor de perder
una mano o de quedar sujeto por un pie a la última
rendija, esa que filtra un gas que deja ciego y hace oír
la caída del agua en otro mundo, la edad terrible está
presente, ha llegado con ella, y la sirvo: mientras me
humilla, me levanta, me inunda, me desquicia, me seca,
me abandona, me hace correr de nuevo, y yo no sé
llamarla de otro modo:
Mi sangre.

Ese caballo ardiendo por las arboledas perdidas

Elegía a Fernando Villalón
(1881-1930)

Se ha comprobado el horror de unos zapatos rígidos con-
    tra la última tabla de un cajón destinado a limitar por
    espacio de poco tiempo la invasión de la tierra,
de esa segunda tierra que sólo habla del cielo por lo que
    oye a las raíces,
de esa que sólo sale a recoger la luz cuando es herida
    por los picos,
cortada por las palas
o requerida por las uñas de esas fieras y pájaros que pre-
    fieren que el sueño de los muertos haga caer la luna
    sobre hoyos de sangre.
Dejad las azoteas,
evitad los portados y el llanto de ese niño para quien las
    ropas de los rincones son fantasmas movibles.
¿Tú qué sabes de esto,
de lo que sucede cuando sobre los hombros más duros
    se dobla una cabeza y de un clavo en penumbra se
    desprende el ay más empolvado de una guitarra en
    olvido?
¿A ti qué se te importa que de un álamo a otro salte un
    estoque solitario o que una banderilla de fuego haga
    volar la orilla izquierda de un arroyo y petrifique el
    grito de los alcaravanes?
Estas cosas yo sólo las comprendo
y más aún a las once y veinte de la mañana.
    Parece que fue ayer.
Y es que éste fue uno de los enterrados con el reloj de
plata en el bolsillo bajo del chaleco,
para que a la una en punto desaparecieran las islas,
para que a las dos en punto a los toros más negros se les
    volviera blanca la cabeza,
para que a las tres en punto una bala de plomo perforara
    la hostia solitaria expuesta en la custodia de una iglesia
    perdida en el cruce de dos veredas: una camino de un

prostíbulo y otra de un balneario de aguas minerales
(y el reloj sobre el muerto),

para que a las cuatro en punto la crecida del río colgara
de una caña el esqueleto de un pez aferrado al pernil
de un pantalón perteneciente a un marino extranjero,

para que a las cinco en punto un sapo extraviado entre las
legumbres de una huerta fuera partido en dos por la
entrada, imprevista, de una rueda de coche volcado en
la cuneta,

para que a las seis en punto las vacas abortadas corrieran
a estrellarse contra el furgón de cola de los trenes ex-
presos,

para que a las siete en punto los hombres de las esquinas
apuñalaran a esa muchacha ebria que por la puerta
falsa sale a arrojar al centro de la calle cáscaras de
mariscos y huesos de aceitunas

(y el reloj sobre el muerto),

para que a las ocho en punto cinco gatos con las orejas
cortadas volcaran el vinagre y los espejos de los pasi-
llos se agrietaran de angustia,

para que a las nueve en punto en la arena desierta de las
plazas una mano invisible subrayara el lugar donde a
las cuatro y siete de la tarde había de ser cogido de
muerte un banderillero,

para que a las diez en punto por los corredores sin luz
a una mujer llorosa se le apagaran las cerillas y al no-
roeste de un islote perdido un barco carbonero viera
pasar los ojos de todos los ahogados

(y el reloj sobre el muerto),

para que a las once en punto dos amigos situados en dis-
tintos lugares de la tierra se equivocaran de domicilio
y murieran de un tiro en el escalón décimonono de
una escalera,

y para que a las doce en punto a mí se me paralizara la
sangre y con los párpados vueltos me encontrara de
súbito en una cisterna alumbrada tan sólo por los fue-
gos que desprenden los fémures de un niño sepultado
junto a la veta caliza de una piedra excavada a más de
quince metros bajo el nivel del mar.

¡Eh, eh!
Por aquí se sale a los planetas desiertos,
a las charcas amarillentas donde hechas humo flotan las
    palabras heladas que nunca pudo articular la lengua de
    los vivos.
Aquí se desesperan los ecos más inmóviles.
He perdido mi jaca.
Pero es que yo vengo de las puertas a medio entornar,
de las habitaciones oscuras donde a media voz se sortean
    los crímenes más tristes,
de esos desvanes donde las manos se entumecen al en-
    contrar de pronto el origen del desfallecimiento de toda
    una familia.
Sí,
pero yo he perdido mi jaca
y mi cuerpo anda buscándome por el sudoeste
y hoy llega el tren con dos mil años de retraso
y yo no sé quién ha quemado estos olivos.
Adiós.

Adiós a la sangre

Yo me decía adiós llorando en los andenes.
    Sujetadme,
sujetad a mi sangre,
paredes,
muros que la veláis y que la separáis de otras sangres que
    duermen.
    ¿Yo me decía adiós porque iba hacia la muerte?
    Ahora,
cuando yo diga *ahora,*
haced que el fuego y que los astros que iban a caer se
    hielen.
Que yo no diga nunca esa palabra en los trenes.
    Porque,
escuchad:
¿es vuestra sangre la que grita al hundirse en el agua con
    los puentes?

Elegía a Garcilaso
(LUNA 1503-1536)

> ... antes de tiempo y casi en flor cortada.
>
> G. de la V.

Hubierais visto llorar sangre a las yedras cuando el
    agua más triste se pasó toda una noche velando a un
    yelmo ya sin alma,
a un yelmo moribundo sobre una rosa nacida en el vaho
    que duerme los espejos de los castillos
a esa hora en que los nardos más secos se acuerdan de su
    vida al ver que las violetas difuntas abandonan sus
    cajas
y los laúdes se ahogan por arrullarse a sí mismos.
Es verdad que los fosos inventaron el sueño y los fan-
    tasmas.
Yo no sé lo que mira en las almenas esa inmóvil armadura
    vacía.
¿Cómo hay luces que decretan tan pronto la agonía de
    las espadas
si piensan en que un lirio es vigilado por hojas que duran
    mucho más tiempo?
Vivir poco y llorando es el sino de la nieve que equivoca
    su ruta.
En el sur siempre es cortada casi en flor el ave fría.

Ya es así

Cada vez más caído,
más distantes de las superficies castigadas por los pies de
    los combatientes
o más lejos de los que apoyándose en voz baja sobre mis
    hombros quisieran retenerme como pedazo vacilante
    de tierra.
Veo mi sangre a un lado de mi cuerpo,
fuera de él precipitarse como un vértigo frío.

Y esta lengua,
esta garganta constituida ya para ahogar ese poco de agua
      que se oye siempre en todos los adioses,
esta lengua y esta garganta me hacen pesado el mundo,
huir y enmudecer antes de tiempo.
   Allá abajo,
perdido en esa luz que me trata lo mismo que a un muer-
      to más entre las tumbas,
junto al peligro de los nombres que se pulverizan,
con la lejana tristeza del que no pudo hablar de sus viajes,
a derecha e izquierda de los demasiado solos te espero.

Con los zapatos puestos
tengo que morir

(Elegía cívica)

[1.º de enero de 1930]

Será en ese momento cuando los caballos sin ojos se des-
garren las tibias contra los hierros en punta de una
valla de sillas indignadas junto a los adoquines de cual-
quier calle recién absorta en la locura.
Vuelvo a cagarme por última vez en todos vuestros
muertos
en este mismo instante en que las armaduras se desplo-
man en la casa del rey,
en que los hombres más ilustres se miran a las ingles sin
encontrar en ellas la solución a las desesperadas órde-
nes de la sangre.
Antonio se rebela contra la agonía de su padrastro mori-
bundo.
Tú eres el responsable de que el yodo haga llegar al cielo
el grito de las bocas sin dientes,
de las bocas abiertas por el odio instantáneo de un re-
vólver o un sable.
Yo sólo contaba con dos encías para bendecirte,
pero ahora en mi cuerpo han estallado 27 para vomitar
en tu garganta y hacerte más difíciles los estertores.

¿No hay quien se atreva a arrancarme de un manotazo
    las vendas de estas heridas y a saltarme los ojos con
    los dedos?
Nadie sería tan buen amigo mío,
nadie sabría que así se escupe a Dios en las nubes
ni que mujeres recién paridas claman en su favor sobre el
    vaho descompuesto de las aguas
mientras que alguien disfrazado de luz rocía de dinamita
    las mieses y los rebaños.

En ti reconocemos a Arturo.

Ira desde la aguja de los pararrayos hasta las uñas más ren-
    corosas de las patas traseras de cualquier piojo agoni-
    zante entre las púas de un peine hallado al atardecer
    en un basurero.
Ira secreta en el pico del grajo que desentierra las pu-
    pilas sin mundo de los cadáveres.
Aquella mano se rebela contra la frente tiernísima de la
    que le hizo comprender el agrado que siente un niño
    al ser circuncidado por su cocinera con un vidrio roto.
Acércate y sabrás la alegría recóndita que siente el palo
    que se parte contra el hueso que sirve de tapa a tus
    ideas difuntas.
Ira hasta en los hilos más miserables de un pañuelo des-
    cuartizado por las ratas.
Hoy sí que nos importa saber a cuántos estamos hoy.

Creemos que te llamas Aurelio y que tus ojos de asco los
    hemos visto derramarse sobre una muchedumbre de
    ranas en cualquier plaza pública.
¿No eres tú acaso ese que esperan las ciudades empape-
    ladas de saliva y de odio?
Cien mil balcones candentes se arrojan de improviso so-
    bre los pueblos desordenados.
Ayer no se sabía aún el rencor que las tejas y las cornisas
    guardan hacia las flores,
hacia las cabezas peladas de los curas sifilíticos,

hacia los obreros que desconocen ese lugar donde las pis-
  tolas se hastían aguardando la presión repentina de
  unos dedos.
Oíd el alba de las manos arriba,
el alba de las náuseas y los lechos desbaratados,
de la consunción de la parálisis progresiva del mundo y
  la arterioesclerosis del cielo.
No creáis que el cólera morbo,
la viruela negra,
el vómito amarillo,
la blenorragia,
las hemorroides,
los orzuelos y la gota serena me preocupan en este ama-
  necer del sol como un inmenso testículo de sangre.
En mí reconoceréis tranquilamente a ese hombre que dis-
  para sin importarle la postura que su adversario herido
  escoge para la muerte.
Unos cuerpos se derrumban hacia la derecha y otros hacia
  la izquierda,
pero el mío sabe que el centro es el punto que marca la
  mitad de la luz y la sombra.
Veré agujerearse mi chaqueta con alegría.
¿Soy yo ese mismo que hace unos momentos se cagaba
  en la madre del que parió las tinieblas?
Nadie quiere enterrar a este arcángel sin patria.

Nosotros lloramos en ti esa estrella que a las dos en pun-
  to de la tarde tiene que desprenderse sin un grito para
  que una muchedumbre de tacones haga brotar su san-
  gre en las alamedas futuras.

Hay muertos conocidos que se orinan en los muertos des-
  conocidos,
almas desconocidas que violan a las almas conocidas.
A aquel le entreabren los ojos a la fuerza para que el
  ácido úrico le queme las pupilas y vea levantarse su
  pasado como una tromba extática de moscas palúdicas.
Y a todo esto el día se ha parado insensiblemente.

Y la ola primera pasa el espíritu del que me traicionó
   valiéndose de una gota de lacre
y la ola segunda pasa la mano del que me asesinó ponien-
   do como disculpa la cuerda de una guitarra
y la ola tercera pasa los dientes del que me llamó hijo
   de zorra para que al volver la cabeza una bala perdida
   le permitiera al aire entrar y salir por mis oídos
y la ola cuarta pasa los muslos que me oprimieron en
   el instante de los chancros y las orquitis
y la ola quinta pasa las callosidades más enconadas de los
   pies que me pisotearon con el único fin de que mi len-
   gua perforara hasta las raíces de esas plantas que se
   originan en el hígado descompuesto de un caballo a
   medio enterrar
y la ola sexta pasa el cuero cabelludo de aquel que me
   hizo vomitar el alma por las axilas
y la ola séptima no pasa nada
y la ola octava no pasa nada
y la ola novena no pasa nada
ni la décima
ni la undécima
ni la duodécima...

Pero estos zapatos abandonados en el frío de las charcas
   son el signo evidente de que el aire aún recibe el cuer-
   po de los hombres que de pie y sin aviso se doblaron
   del lado de la muerte.

Verte y no verte
(1934)

A Ignacio Sánchez Mejías.

ELEGIA

El toro de la muerte

Antes de ser o estar en el bramido
que la entraña vacuna conmociona,
por el aire que el cuerno desmorona
y el coletazo deja sin sentido;

en el oscuro germen desceñido
que dentro de la vaca proporciona
los pulsos a la sangre que sazona
la fiereza del toro no nacido;

antes de su existir, antes de nada,
se enhebraron un duro pensamiento
las no floridas puntas de su frente:

Ser sombra armada contra luz armada,
escarmiento mortal contra escarmiento,
toro sin llanto contra el más valiente.

123

>   *(Por el mar negro un barco*
>   *va a Rumanía.*
>   *Por caminos sin agua*
>   *va tu agonía.*
>   *Verte y no verte.*
>   *Yo, lejos navegando,*
>   *tú, por la muerte.)*

Las alas y las velas,
se han caído las alas,
se han cerrado las alas,
sólo alas y velas resbalando por la inmovilidad crecida
      de los ríos,
alas por la tristeza doblada de los bosques,
en las huellas de un toro solitario bramando en las ma-
      rismas,
alas revoladoras por el frío con punta de estocada en las
      llanuras,
sólo velas y alas muriéndose esta tarde.
Mariposas de rojo y amarillo sentenciadas a muerte,
parándose de luto,
golondrinas heladas fijas en los alambres,
gaviotas cayéndose en las jarcias,
jarcias sonando y arrastrando velas,
alas y velas fallecidas precisamente hoy.
   Fue entonces cuando un toro intentó herir a una pa-
      loma,
fue cuando corrió un toro que rozó el ala de un canario,
fue cuando se fue el toro y un cuervo entonces dio la
      vuelta por tres veces al ruedo,
fue cuando volvió el toro llevándolo invisible y sin grito
      en la frente.
¡A mí, toro!

>   *(Verónicas, faroles,*
>   *velas y alas.*
>   *Yo en el mar, cuando el viento*
>   *los apagaba.*
>   *Yo, de viaje.*
>   *Tú, dándole a la muerte*
>   *tu último traje.)*

El toro de la muerte

Negro toro, nostálgico de heridas,
corneándole al agua sus paisajes,
revisándole cartas y equipajes
a los trenes que van a las corridas.

¿Qué sueñas en tus cuernos, qué escondidas
ansias les arrebolan los viajes,
qué sistema de riegos y drenajes
ensayan en la mar tus embestidas?

Nostálgico de un hombre con espada,
de sangre femoral y de gangrena,
ni el mayoral ya puede detenerte.

Corre, toro, a la mar, embiste, nada,
y a un torero de espuma, sal y arena,
ya que intentas herir, dale la muerte.

> *(Mueve el aire en los barcos*
> *que hay en Sevilla,*
> *en lugar de banderas,*
> *dos banderillas.*
> *Llegando a Roma,*
> *vi de banderillas*
> *a las palomas.)*

¿Para qué os quiero, pies, para qué os quiero?
Los pies pisan la muerte,
poco a poco los pies andan pisando ese camino
por donde viene acompañada o sola,
visible o invisible, lenta o veloz,
la muerte.

¿Para qué os quiero, pies, para qué os quiero?
Me va a coger la muerte en zapatillas,
no en zapatillas para el pie del baile,
no con tacón para esas tablas donde también
suele temblar la muerte con voz sorda de pozo,
voz de cueva o cisterna con un hombre no se sabe si
      ahogado,
voz con tierra de ortigas y guitarra.

¿Para qué os quiero, pies, para qué os quiero?
Unos mueren de pie, ya con zapatos o alpargatas,

bien bajo el marco de una puerta o de una ventana,
también en medio de una calle con sol y hoyos abiertos,
otros...
    Me va a coger la muerte en zapatillas,
así, con medias rosas y zapatillas negras me va a matar la
      muerte.
¡Aire!
    ¿Para qué os quiero, pies, para qué os quiero?

> *(Por pies con viento y alas,*
> *por pies salía*
> *de las tablas Ignacio*
> *Sánchez Mejías.*
> *¡Quién lo pensara*
> *que por pies un torillo*
> *lo entablerara!)*

El toro de la muerte

    Si ya contra las sombras movedizas
de los calcáreos troncos impasibles,
cautos proyectos turbios indecibles
perfilas, pulimentas y agudizas;
    si entre el agua y la yerba escurridizas,
la pezuña y el cuerno indivisibles
cambian los imposibles en posibles,
haciendo el aire polvo y la luz trizas;
    si tanto oscuro crimen le desvela
su sangre fija a tu pupila sola,
insomne sobre el sueño del ganado;
    huye, toro tizón, humo y candela,
que ardiendo de los cuernos a la cola,
de la noche saldrás carbonizado.

> *(En La Habana la sombra*
> *de las palmeras*
> *me abrieron abanicos*
> *y reboleras.*
> *Una mulata,*
> *dos pitones en punta*
> *bajo la bata.*

La rumba mueve cuernos,
pases mortales,
ojos de vaca y ronda
de sementales.
Las habaneras,
sin saberlo, se mueven
por gaoneras.
   Con Rodolfo Gaona
Sánchez Mejías
se adornaba la muerte
de alegorías:
México, España,
su sangre por los ruedos
y una guadaña.
   Los indios mexicanos
en El Toreo,
de los ¡olés! se tiran
al tiroteo.
¡Vivan las balas,
los toros por las buenas
y por las malas!
   Ya sus manos, Gaona,
paradas, frías,
te da desde la muerte
Sánchez Mejías.
Dale, Gaona,
tus manos, y en sus manos,
una corona.)

¿Qué sucede, qué pasa, qué va a pasar,
qué está pasando, sucediendo, qué pasa,
qué pasó?
   La muerte había sorbido agua turbia en los charcos que
      ya no son del mar,
pero que ellos se sienten junto al mar,
se había rozado y arañado contra los quicios negros de los
   -   túneles,
perforando los troncos de los árboles,
espantado el silencio de las larvas,

los ojos de las orugas,
intentando pasar exactamente por el centro a una hoja,
herir,
herir el aire del espacio de dos piernas corriendo.
La muerte mucho antes de nacer había pensado todo esto.
   Me buscas como al río que te dejaba sorber sus paisajes.
como a la ola tonta que se acercaba a ti sin comprender
        quién eras.
para que tú la cornearas.
Me buscas como a un montón de arena donde escarbar
        un hoyo,
sabiendo que en el fondo no vas a encontrar agua,
no vas a encontrar agua,
nunca jamás tú vas a encontrar agua,
sino sangre,
no agua,
jamás,
        nunca.
   No hay reloj,
no hay ya tiempo,
no existe ya reloj que quiera darme tiempo a salir de la
        muerte.

>   *(Una barca perdida*
>   *con un torero,*
>   *y un reloj que detiene*
>   *su minutero.*
>   *Vivas y mueras,*
>   *rotos bajo el estribo*
>   *de las barreras.)*

El toro de la muerte

   Al fin diste a tu duro pensamiento
forma mortal de lumbre derribada,
cancelando con sangre iluminada
la gloria de una luz en movimiento.

   ¡Qué ceguedad, qué desvanecimiento
de toro, despeñándote en la nada,
si no hubiera tu frente desarmada
visto antes de nacer su previo intento!

Mas clavaste por fin bajo el estribo,
con puntas de rencor tintas en ira,
tu oscuridad, hasta empalidecerte.
    Pero luego te vi, sombra en derribo,
llevarte como un toro de mentira,
tarde abajo, las mulas de la muerte.

> *(Noche de agosto arriba*
> *va un ganadero,*
> *sin riendas, sin estribos*
> *y sin sombrero.*
> *Decapitados,*
> *toros negros, canelas*
> *y colorados.)*

    Se va a salir el río y ya no veré nunca el temblor de los
            juncos,
va a rebosar el río paralizando el choque de las cañas,
desplazando como una irresistible geografía de sangre que
            volverá los montes nuevas islas,
los bosques nuevas islas,
inalcanzables islas cercadas de flotantes tumbas de toros
            muertos,
de empinados cadáveres de toros,
rápidas colas rígidas que abrirán remolinos,
lentos y coagulados remolinos que no permitirán este
            descenso,
este definitivo descenso necesario que le exigen a uno
cuando ya el cuerpo no es capaz de oponerse a la atracción
            del fondo
y pesa menos que el agua.
    Desvíeme esos toros,
mire que voy bajando favorecido irremediablemente por
            el viento,
tuérzale el cuello al rumbo de esa roja avalancha de toros
            que le empujan,
déjeme toda el agua,
le pido que me deje para mí solo todo el agua,
agua libre,
río libre,

porque usted ya está viendo, amigo, cómo voy,
porque usted, viejo amigo, está ya comprendiendo adónde
    voy,
ya estás, amigo, estás olvidándote casi adónde voy,
amigo, estás, amigo...
    Había olvidado ahora que le hablaba de usted, no de
    tú, desde siempre.

> (¿De dónde viene, diga,
> de dónde viene,
> que ni el agua del río
> ya le sostiene?
> Voy navegando,
> también muerto, a la isla
> de San Fernando.)

Dos arenas

    Dos arenas con sangre, separadas,
con sangre tuya al son de dos arenas
me quemarán, me clavarán espadas.

    Desunidas, las dos vendrán a unirse,
corriendo en una sola por mis venas,
dentro de mí para sobrevivirse.

    La sangre de tu muerte y la otra, viva,
la que fuera de ti bebió este ruedo,
gloriosamente en unidad activa,

    moverán lunas, vientos, tierras, mares,
como estoques unidos contra el miedo:
la sangre de tu muerte en Manzanares,
la sangre de tu vida
por la arena de México absorbida.

> (Verte y no verte.
> Yo, lejos navegando,
> tú, por la muerte.)

Plaza de toros EL TOREO
México
13 de agosto
1935

De un momento a otro

(Poesía e historia)
(1932-1938)

Hace falta ser ciego

Hace falta estar ciego,
tener como metidas en los ojos raspaduras de vidrio,
cal viva,
arena hirviendo,
para no ver la luz que salta en nuestros actos,
que ilumina por dentro nuestra lengua,
nuestra diaria palabra.
Hace falta querer morir sin estela de gloria y alegría,
sin participación en los himnos futuros,
sin recuerdo en los hombres que juzguen el pasado som-
        brío de la Tierra.
Hace falta querer ya en vida ser pasado,
obstáculo sangriento,
cosa muerta,
seco olvido.

Siervos

Siervos,
viejos criados de mi infancia vinícola y pesquera
con grandes portalones de bodegas abiertos a la playa,
amigos,
perros fieles,
jardineros,
cocheros,
pobres arrumbadores,
desde este hoy en marcha hacia la hora
de estrenar vuestro pie la nueva era del mundo,
yo os envío mi saludo
y os llamo camaradas.
Venid conmigo,
alzáos,
antiguos y primeros guardianes ya desaparecidos.
No es la voz de mi abuelo
ni ninguna otra voz de dominio y de mando.
¿La recordáis?
Decídmelo.
Mayor de edad,
crecida,
testigo treinta años de vuestra inalterable servidumbre,
es mi voz,
sí,
la mía,
la que os llama.
Venid.
Y no para pediros que deis alpiste o agua al canario,
al jilguero
o al periquito rey;
no para reprocharos que la jaca anda mal de una herra-
           dura
o que no acudís pronto a recogerme por la tarde al colegio.
Ya no.
Venid conmigo.
Abramos,
abrid todos las puertas que dan a los jardines,

a las habitaciones que vosotros barristeis mansamente,
a los toneles de los vinos que pisasteis un día en los la-
        gares,
las puertas a los huertos,
a las cuadras oscuras donde os esperan los caballos.
Abrid, abrid, sentaos,
descansad.
¡Buenos días!
Vuestros hijos,
su sangre,
han hecho al fin que suene esa hora en que el mundo
va a cambiar de dueño.

Un fantasma recorre Europa...

    ... y las viejas familias cierran las ventanas,
afianzan las puertas,
y el padre corre a oscuras a los Bancos
y el pulso se le para en la Bolsa,
y sueña por las noches con hogueras,
con ganados ardiendo,
que en vez de trigos tiene llamas,
en vez de granos, chispas,
cajas de hierro llenas de pavesas.
¿Dónde estás,
dónde estás?
Nos persiguen a tiros.
¡Oh!
Los campesinos pasan pisando nuestra sangre.
¿Qué es esto?
    Cerremos,
cerremos pronto las fronteras.
Vedlo avanzar de prisa en el viento del Este,
de las estepas rojas del hambre.
Que su voz no la oigan los obreros,
que su silbido no penetre en las fábricas,
que no divisen su hoz alzada los hombres de los campos.
¡Detenedle!

Porque salta los mares
recorriendo toda la geografía,
porque se esconde en las bodegas de los barcos
y habla a los fogoneros
y los saca tiznados a cubierta,
y hace que el odio y la miseria se subleven
y se levanten las tripulaciones.
    ¡Cerrad,
cerrad las cárceles!
Su voz se estrellará contra los muros.
¿Qué es esto?
    Pero nosotros lo seguimos,
lo hacemos descender del viento Este que lo trae,
le preguntamos por las estepas rojas de la paz y del
        triunfo,
lo sentamos a la mesa del campesino pobre,
presentándolo al dueño de la fábrica,
haciéndolo presidir las huelgas y manifestaciones,
hablar con los soldados y los marineros,
ver en las oficinas a los pequeños empleados
y alzar el puño a gritos en los Parlamentos del oro y de
        la sangre.
    Un fantasma recorre Europa,
el mundo.
Nosotros le llamamos camarada.

A

JUAN MARINELLO

¿Tantos millones de hombres hablaremos inglés?
Rubén Darío

New York
(Wall Street en la niebla. Desde el «Bremen»)

Alguien se despertaba pensando que la niebla
ponía un especial cuidado en ocultar el crimen.
De allí,
de allí salía:
un enloquecedor vaho de petróleo,
de alejados y vastos yacimientos convertidos en cifras,
hacinados por orden en los cofres secretos,
en las lentas, profundas, inconmovibles cajas,
más profundas que pozos aún inexplorados,
puestos allí estos cofres,
puestas allí estas cajas por anónimos,
invisibles, oscuros, explotados,
desamparados hombres macilentos.
Yo era el que despertaba comprendiendo,
sabiendo lo que era aquel amanecer de rascacielos
igual que verticales expresos de la niebla,
era yo quien oía, quien veía, despertándose.
De allí,

de allí salían:
un crujido de huesos sin reposo, húmedos, calcinados,
entre la extracción triste de metales,
una seca protesta de cañas dulces derrumbándose,
de café y de tabaco deshaciéndose,
y todo envuelto siempre en un tremendo vaho de petróleo,
en un abrasador contagio de petróleo,
en una inabarcable marea de petróleo.

    Era yo quien entraba ya despierto, asomado a la niebla,
viendo cómo aquel crimen disfrazado de piedras con ven-
       tanas,
se agrandaba, ensanchándose,
perdiéndose la idea de su altura,
viéndole intervenir hasta en las nubes.
Y era yo quien veía, quien oía, ya despierto.
    De allí,
de allí salía mojada de aire sucio y brumas carboneras:
la voz de la propuesta de robos calculados,
velada por ruidos de motores zarpando hacia las islas,
levantándose armados hacia el cielo de otros.
Salía esta voz fruncida a los insultos de hombres merce-
      narios con fusiles,
impidiendo lo largo de los muelles,
las planicies minadas de palmeras,
los bosques de brazos y cabellos cortados a machete.
Lastimándose, oyéndose,
cayendo a mares desde los rascacielos diluidos,
salían Nicaragua,
Santo Domingo,
Haití,
revueltos en la sangre intervenida de sus costas,
secundando el clamor de las islas Vírgenes compradas,
el estertor de Cuba,
la cólera de México,
Panamá,
Costa Rica,
Colombia,
Puerto Rico,
Bolivia,

Venezuela...
Y todo envuelto siempre en un tremendo vaho de pe-
    tróleo,
en un abrasador contagio de petróleo,
en una inabarcable marea de petróleo.
Y era yo entre la niebla quien oía, quien veía mucho más
    y todo esto.

   Nueva York, Wall Street, Banca de sangre,
áureo pulmón comido de gangrena,
araña de tentáculos que hilan
fríamente la muerte de otros pueblos.

   De tus cajas, remontan disfrazados
embajadores de la paz y el robo:
Daniels, Caffery, etc., revólveres
confidentes y a sueldo de tus *gangsters*.

   La Libertad, ¡tu Libertad!, a oscuras
su lumbre antigua, su primer prestigio,
prostituida, mercenaria, inútil,
baja a vender su sombra por los puertos.

   Tu diplomacia del horror quisiera
la intervención armada hasta en los astros;
zonas de sangre, donde sólo ahora
ruedan minas celestes, lluvias vírgenes.

   Mas aún por América arde el pulso
de agónicas naciones que me gritan
con mi mismo lenguaje entre la niebla,
tramando tu mortal sacudimiento.

   Así un día tus trece horizontales
y tus cuarenta y ocho estrellas blancas
verán desvanecerse en una justa,
libertadora llama de petróleo.

¡*Barco a la vista*!
(Estrecho de Florida)

   De pronto, por el mar, sube, baja un sonido,
un débil silabeo de garganta cortada,
un son, un eco turbio de cuerpo dividido,
de párpados, de lengua, de pulsos y de nada.

   No sé quién me persigue poniéndome estos muros,
este tribunal falso y esta luz de condena,
quién hace que las olas abran cuartos oscuros
con hombres que en su fondo los hunde una cadena.

   Signos de nuevos crímenes se escuchan en el viento
y la sangre parece que intenta ser bahía
y que la mar estudia rodar con otro acento
y cosechar la tierra más muertos todavía.

   Era triste ir bajando sólo oyendo hendiduras,
relámpagos de hachas y un abrir y cerrar.
La vida era la muerte, y el resto, cerraduras.
Y vi una cruz gamada ensangrentando el mar.

Casi son

                                   ... neglo tienen muerto.
                                        Lope de Vega

   Negro, da la mano al blanco.
Blanco, da la mano al negro.
Mano a mano,
que Cuba no es del cubano,
que es del norteamericano.
   ¿Ves, ves, ves?
El negro va a cuatro pies,
el negro baila la rumba,
y aunque se vuelva tarumba
del derecho o del revés,
¿ves?,
el negro va a cuatro pies.
   Mano a mano,
que Cuba no es del cubano.
   Digo, dice, dice, digo...
digo que el cañaveral
sabe muy bien que el Central
muele con viento enemigo.
   Te lo dice un negro amigo:
Blanco, ¿tú no ves
que el negro va a cuatro pies?
¡Tú, tan listo, y no lo ves!

Los yanquis vienen volando,
urracas azucareras,
urracas que urraqueando
hasta nos están llevando
el aire de las palmeras.
Negro, da la mano al blanco,
dala ya,
dásela ya.
Blanco, da la mano al negro,
dala ya,
dásela ya.
Y al yanqui que viene y va,
negro, dale ya,
blanco, dale ya,
negro y blanco, dadle ya.
Mano a mano,
contra el norteamericano.
Negro, mano a mano,
blanco, mano a mano,
negro y blanco, mano a mano,
mano a mano,
mano a mano.

*(Por el mar Caribe me bajaba el cielo
la voz firme y pura de Juan Marinello,
la desconocida de Pedroso y el
recuerdo mojado de José Manuel.
Diez era de mayo cuando el «Siboney»
zarpó de la palma cubana al maguey
que el mar mexicano citó a recibirme,
las dagas abiertas, gentil, para herirme.)*

México
(El indio)

1

Todavía más fino, aún más fino, más fino,
casi desvaneciéndose de pura transparencia,
de pura delgadez como el aire del Valle.

Es como el aire.
De pronto suena a hojas,
suena a seco silencio, a terrible protesta de árboles,
de ramas que prevén los aguaceros.
Es como los aguaceros.
Se apaga como ojo de lagarto que sueña,
garra dulce de tigre que se volviera hoja,
lumbre débil de fósforo al abrirse una puerta.
Es como lumbre.
Lava antigua volcánica rodando,
color de hoyo con ramas que se queman,
tierra impasible al temblor de la tierra.
Es como tierra.

2

Como tierra de cactus y magueyes,
de órganos que edifican verdes templos
con bóvedas de aire, con techumbres
limpísimas de aire, sol y agua.
Los caminos se cansan, se desploman
de tanta hundida huella de guarache.
Kilómetros y leguas, derrotados,
abandonan las largas lejanías.
Se sabe, se comprueba que no eres
esa curva monótona y sin músculo
que por los anchos muros oficiales
cierto pintor ofrece a los turistas.
Contra el gringo que compra en tu retrato
tu parada belleza ya en escombros,
prepara tu fusil. No te resignes
a ser postal de un álbum sin objeto.
Que no eres sólo el tema de una estrofa,
ni el color complemento del paisaje,
ni ese perro furioso que se tumba,
dócil, después de herir, al pie del amo.

Eres México antiguo, horror de cumbres
que se asombran batidas por pirámides,
trueno oscuro de selvas observadas
por cien mil ojos lentos de serpientes.
   Contra los gachupines que alambican
residuos coloniales por sus venas,
prepara tu fusil. Tú eres el indio
poblador de la sangre del criollo.
   Si él y tú sois ya México, ninguno
duerma, trabaje, llore y se despierte
sin saber que una mano lo estrangula,
dividiendo su tierra en dos mitades.

Costas de Venezuela
(Desde el «Colombie»)

   Se ve que estas montañas son los hombros de América.
   Aquí sucede algo, nace o se ha muerto algo.
Estas carnes sangrientas, peladas, agrietadas,
estos huesos veloces, hincándose en las olas,
estos precipitados espinazos a los que el viento asesta un
      golpe seco y verde a la cintura.
Puede que aquí suceda el silencioso nacimiento o la agonía
      de las nubes,
sombríamente espiadas desde lejos por mil picos furiosos
      de pájaros piratas,
cayendo de improviso lo mismo que cerrados balazos ya
      difuntos
sobre el horror velado de los peces que huyen.
   Aquí se perdió alguien,
se hundió, se murió alguien,
algo que estas costillas,
que estos huesos saben callar o ignoran.
... Pero aquí existe un nombre,
una fecha,
un origen.
   Se ve que estas montañas son los hombros de América.

Yo también canto a América

> I, too, sing America.
> Langston Hughes

Tú mueves propiedades en tu cielo,
astros que son verdad, estrellas tuyas,
planetas confiscados que en la noche
pasan gimiendo un rastro de cadenas.

Mueves bosques con hojas como círculos,
puertas verdes al sueño de los pumas,
bosques que marchan, selvas que caminan
invadiendo la sombra de raíces.

En tu entraña, piquetas y explosiones
dan a luz en lo oscuro nuevos ríos,
puestos al sol por hombres expropiados
a tu matriz herida y desangrada.

Ellos son, deben ser, y no los otros,
los que arañen sus manos en tus grietas,
los que tenaz descuelguen su desvelo
en tus ocultas venas sacudidas.

Tú no eres un cadáver extendido
de mar a mar, velado por palmeras.
Tú estás de pie, la sangre te circula,
pero entre dos orillas de fusiles.

Ni siquiera eres dueña de tus noches,
insultada en los bares y cantinas,
noches con ojos indios impasibles
por los que pasan flechas vengadoras.

Yo he visto Panamá desde las nubes
como albos continentes sin viajeros,
de norte a sur, y comprobando el Istmo,
sobre una larga zona de uniformes;

la flor del mar Pacífico, entrevista
como una cresta roja de mi infancia,
gritando, muda, por tus litorales
de azúcar y café, pero invadidos;

    jacales y bohíos limosneros
que intentan vagamente ser aldeas,
con raigones en tierras que son suyas
y recelos de canes arrojados.

    Oigo un clamor de pumas y caimanes,
de idiomas dominados a cuchillo,
de pieles negras atemorizadas,
entre un sordo rumor que se unifica.

    Despierta, de improviso, en esa hora
que el terremoto verde de tus bosques
a tientas reconstruye con sonidos
los escombros nocturnos de sus ramas.

    Despiértate, y de un salto reconquista
tu subterránea sangre de petróleo,
brazos de plata, pies de oro macizos,
que tu existencia propia vivifiquen.

    Va a sonar, va a sonar, yo quiero verlo,
quiero oírlo, tocarlo, ser su impulso,
ese sacudimiento que destruya
la intervención armada de los dólares.

    Las estrellas verdad se confabulen
con tu robado mar, la tierra, el viento,
contra esas trece bandas corrompidas
y esa Company Bank de estrellas falsas.

    Recupere —ciclones en las manos,
sísmicas lavas de correr ardiendo—
el predominio vasto de tus frutas
y el control de tus puertos y aduanas.

    Yo también canto a América, viajando
con el dolor azul del mar Caribe,
el anhelo oprimido de sus islas,
la furia de sus tierras interiores.

    Que desde el golfo mexicano suene
de árbol a mar, de mar a hombres y fieras
como oriente de negros y mulatos,
de mestizos, de indios y criollos.

Suene este canto, no como el vencido
letargo de las quenas moribundas,
sino como una voz que estalle uniendo
la dispersa conciencia de las olas.

Tu venidera órbita asegures
con la expulsión total de tu presente.
Aire libre, mar libre, tierra libre.
Yo también canto a América futura.

CAPITAL DE LA GLORIA
(Madrid, 1936-1939)

Madrid - Otoño

Ciudad de los más turbios siniestros provocados,
de la angustia nocturna que ordena hundirse al miedo
en los sótanos lívidos con ojos desvelados,
yo quisiera furiosa, pero impasiblemente
arrancarme de cuajo la voz, pero no puedo,
para pisarte toda tan silenciosamente
que la sangre tirada
mordiera, sin protesta, mi llanto y mi pisada.
Por tus desnivelados terrenos y arrabales,
ciudad, por tus lluviosas y ateridas afueras
voy las hojas difuntas pisando entre trincheras,
charcos y barrizales.
Los árboles acodan, desprovistos, las ramas
por bardas y tapiales
donde con ojos fijos espían las troneras
un cielo temeroso de explosiones y llamas.

Capital ya madura para los bombardeos,
avenidas de escombros y barrios en ruinas,
corre un escalofrío al pensar tus museos
tras de las barricadas que impiden las esquinas.

Hay casas cuyos muros humildes, levantados
a la escena del aire, representan la escena
del mantel y los lechos todavía ordenados,
el drama silencioso de los trajes vacíos,
sin nadie, en la alacena
que los biseles fríos
de la menguada luna de los pobres roperos
recogen y barajan con los sacos terreros.

Más que nunca mirada,
como ciudad que en tierra reposa al descubierto,
la frente de tu frente se alza tiroteada,
tus costados de árboles y llanuras, heridos;
pero tu corazón no lo taparán muerto,
aunque montes de escombros le paren sus latidos.

Ciudad, ciudad presente,
guardas en tus entrañas de catástrofe y gloria
el germen más hermoso de tu vida futura.
Bajo la dinamita de tus cielos, crujiente,
se oye el nacer del nuevo hijo de la victoria.
Gritando y a empujones la tierra lo inaugura.

*

¡Palacios, bibliotecas! Estos libros tirados
que la yerba arrasada recibe y no comprende,
estos descoloridos sofás desvencijados,
que ya tan sólo el frío los usa y los defiende;
estos inesperados
retratos familiares
en donde los varones de la casa, vestidos
los más innecesarios jaeces militares,
nos contemplan, partidos,
sucios, pisoteados,
con ese inexpresable gesto fijo y oscuro
del que al nacer ya lleva contra su espalda el muro

de los ejecutados,
este cuadro, este libro, este furor que ahora
me arranca lo que tiene para mí de elegía
son pedazos de sangre de tu terrible aurora.
Ciudad, quiero ayudarte a dar a luz tu día.

¡Soy del 5.º Regimiento!

Mañana dejo mi casa,
dejo los bueyes y el pueblo.
¡Salud! ¿Adónde vas, dime?
—Voy al 5.º Regimiento.
Caminar sin agua, a pie.
Monte arriba, campo abierto.
Voces de gloria y de triunfo.
—¡Soy del 5.º Regimiento!

Defensa de Madrid

Madrid, corazón de España,
late con pulsos de fiebre.
Si ayer la sangre le hervía,
hoy con más calor le hierve.
Ya nunca podrá dormirse,
porque si Madrid se duerme,
querrá despertarse un día
y el alba no vendrá a verle.
No olvides, Madrid, la guerra;
jamás olvides que enfrente
los ojos del enemigo
te echan miradas de muerte.
Rondan por tu cielo halcones
que precipitarse quieren
sobre tus rojos tejados,
tus calles, tu brava gente.
Madrid: que nunca se diga,
nunca se publique o piense
que en el corazón de España
la sangre se volvió nieve.

Fuentes de valor y hombría
las guardas tú donde siempre.
Atroces ríos de asombro
han de correr de esas fuentes.
Que cada barrio a su hora,
si esa mal hora viniere
—hora que no vendrá—, sea
más que la plaza más fuerte.
Los hombres, como castillos;
igual que almenas, sus frentes,
grandes murallas sus brazos,
puertas que nadie penetre.
Quien al corazón de España
quiera asomarse, que llegue.
¡Pronto! Madrid está cerca.
Madrid sabe defenderse
con uñas, con pies, con codos,
con empujones, con dientes,
panza arriba, arisco, recto,
duro, al pie del agua verde
del Tajo, en Navalperal,
en Sigüenza, en donde suenen
balas y balas que busquen
helar su sangre caliente.
Madrid, corazón de España,
que es de tierra, dentro tiene,
si se le escarba, un gran hoyo,
profundo, grande, imponente,
como un barranco que aguarda.
Sólo en él cabe la muerte.

A las brigadas internacionales

Venís desde muy lejos... Mas esta lejanía
¿qué es para vuestra sangre, que canta sin fronteras?
La necesaria muerte os nombra cada día,
no importa en qué ciudades, campos o carreteras.

De este país, del otro, del grande, del pequeño,
del que apenas si al mapa da un color desvaído,
con las mismas raíces que tiene un mismo sueño,
sencillamente anónimos y hablando habéis venido.

No conocéis siquiera ni el color de los muros
que vuestro infranqueable compromiso amuralla.
La tierra que os entierra la defendéis, seguros,
a tiros con la muerte vestida de batalla.

Quedad, que así lo quieren los árboles, los llanos,
las mínimas partículas de la luz que reanima
un solo sentimiento que el mar sacude: ¡Hermanos!
Madrid con vuestro nombre se agranda y se ilumina.

Los campesinos

Se van marchando duros, color de la corteza
que la agresión del hacha repele y no se inmuta.
Como los pedernales, sombría la cabeza,
pero lumbre en su sueño de cáscara de fruta.

Huelen los capotones a corderos mojados,
que forra un mal sabor a sacos de patatas,
uncido a los estiércoles y fangales pegados
en las cansinas botas más rígidas que patas.

Sonando a oscura tropa de mulos insistentes,
que rebasan las calles e impiden las aceras,
van los hombres del campo como inmensas simientes
a sembrarse en los hondos surcos de las trincheras.

Muchos no saben nada. Mas con la certidumbre
del que corre al asalto de una estrella ofrecida,
de sol a sol trabajan en la nueva costumbre
de matar a la muerte, para ganar la vida.

A «Niebla», mi perro

«Niebla», tú no comprendes: lo cantan tus orejas,
el tabaco inocente, tonto de tu mirada,
los largos resplandores que por el monte dejas
al saltar, rayo tierno de brizna despeinada.

Mira esos perros turbios, huérfanos, reservados,
que de improviso surgen de las rotas neblinas,
arrastrar en sus tímidos pasos desorientados
todo el terror reciente de su casa en ruinas.

A pesar de esos coches fugaces, sin cortejo,
que transportan la muerte en un cajón desnudo;
de ese niño que observa lo mismo que un festejo
la batalla en el aire, que asesinarle pudo;

a pesar del mejor compañero perdido,
de mi más que tristísima familia que no entiende
lo que yo más quisiera que hubiera comprendido,
y a pesar del amigo que deserta y nos vende;

«Niebla», mi camarada,
aunque tú no lo sabes, nos queda todavía,
en medio de esta heroica pena bombardeada,
la fe, que es alegría, alegría, alegría.

Vosotros no caisteis

¡Muertos al sol, al frío, a la lluvia, a la helada,
junto a los grandes hoyos que abre la artillería,
o bien sobre la yerba que, de puro delgada
y al son de nuestra sangre, se vuelve melodía!

Siembra de cuerpos jóvenes, tan necesariamente
descuajados del triste terrón que los pariera,
otra vez y tan pronto y tan naturalmente
semilla de los surcos que la guerra os abriera.

Se oye vuestro nacer, vuestra lenta fatiga,
vuestro empujar de nuevo bajo la tapa dura
de la tierra que al daros la forma de una espiga
siente en la flor del trigo su juventud futura.

¿Quién dijo que estáis muertos? Se escucha entre el
        silbido
que abre el vertiginoso sendero de las balas,
un rumor, que ya es canto, gloria recién nacido,
lejos de las piquetas y funerales palas.

A los vivos, hermanos, nunca se les olvida.
Cantad ya con nosotros, con nuestras multitudes
de cara al viento libre, a la mar, a la vida.
No sois la muerte, sois las nuevas juventudes.

Elegía a un poeta que no tuvo su muerte
(Federico García Lorca)

No tuviste tu muerte, la que a ti te tocaba.
Malamente, a sabiendas, equivocó el camino.
¿Adónde vas? Gritando, por más que aligeraba,
no paré tu destino.
    ¡Que mi muerte madruga! ¡Levanta! Por las calles,
los terrados y torres tiembla un presentimiento.
A toda costa el río llama a los arrabales,
advierte a toda costa la oscuridad al viento.
    Yo, por las islas, preso, sin saber que tu muerte
te olvidaba, dejando mano libre a la mía.
¡Dolor de haberte visto, dolor, dolor de verte
como yo hubiera estado, si me correspondía!
    Debiste de haber muerto sin llevarte a tu gloria
ese horror en los ojos de último fogonazo
ante la propia sangre que dobló tu memoria,
toda flor y clarísimo corazón sin balazo.
    Mas si mi muerte ha muerto, quedándome la tuya,
si acaso le esperaba más bella y larga vida,
haré por merecerla, hasta que restituya
a la tierra esa lumbre de cosecha cumplida.

Los soldados se duermen

Contémplalos.
            Dormidos, con un aire de aldea,
de animales tiernísimos, duros y acostumbrados
a que de pronto el sueño les coja donde sea,
como a los incansables perros de los ganados.

Sobre una pesadumbre parecida a un paisaje
batido por pezuñas y osamentas rendidas,
mordiéndoles el lento son de un mismo rodaje,
solas y ausentes ruedan las pupilas dormidas.

Duermen, sí, con las manos, que son puños, abiertas
un instante olvidadas del reciente ejercicio
de dejar las contrarias vidas turbias desiertas.

... Mas también los fusiles descansan de su oficio.

Abril, 1938

¿Otra vez tú, si esta venida
más que imposible me parece,
puesto que sube y reverdece
en tan tremenda sacudida?

¿Otra vez tú, tan sin medida
tu corazón, que estalla y crece,
mientras la tierra lo enriquece
de vida muerta y nueva vida?

¿Otra vez tú poniendo flores
sobre la tumba improvisada,
sobre el terrón de la trinchera

y esa apariencia de colores
en esta patria desangrada?
¿Otra vez tú, la Primavera?

Galope

Las tierras, las tierras, las tierras de España,
las grandes, las solas, desiertas llanuras.
Galopa, caballo cuatralbo,
jinete del pueblo,
al sol y a la luna.
¡A galopar,
a galopar,
hasta enterrarlos en el mar!

A corazón suenan, resuenan, resuenan
las tierras de España en las herraduras.
Galopa, jinete del pueblo,
caballo cuatralbo,
caballo de espuma.
　　¡A galopar,
a galopar,
hasta enterrarlos en el mar!
　　Nadie, nadie, nadie, que enfrente no hay nadie;
que es nadie la muerte si va en tu montura.
Galopa, caballo cuatralbo,
jinete del pueblo,
que la tierra es tuya.
　　¡A galopar,
a galopar,
hasta enterrarlos en el mar!

Madrid por Cataluña

Todos cantando pronuncien tu nombre,
todos hiriendo, con sangre lo escriban;
que el corazón aun en trance de muerte
contra la tierra del campo lo diga.

Suene en los pechos con voz de mañana,
voz de aire nuevo entre espantos nacida.
Todos lo agiten sin sueño en la noche,
todos lo claven más alto en el día.

Nadie se duerma, que nada descanse:
como los rayos la luz más tranquila,
como el torrente las aguas más calmas,
como el disparo la más quieta vida.

Surjan los hombres que a cumbres te lleven,
mueran las bestias que te hunden a simas,
los voluntarios de trigo y de hierro
broten a mares y salten a chispas.

Te fortifiquen de fe, de entusiasmo,
de amurallada y constante vigilia,
los batallones de piedra y arrojo,
las divisiones de honor y alegría.

El corazón de Madrid se conmueve,
su corazón desbordado se aviva.
La capital de la gloria, cubierta
de juventudes la frente, repica.
    Voluntariado del pecho de España,
del corazón candeal de Castilla,
duro soldado de pino y de nieve,
seca firmeza de fuego y encina:
    por Cataluña la sangre nos llama,
por Cataluña su sangre nos grita,
por Cataluña de brazos fabriles,
pródiga, grande, viril, plena y rica.
    Todos cantando pronuncien su nombre,
todos hiriendo, con sangre lo escriban;
que el corazón aun en trance de muerte
contra su mar y su tierra lo diga.

(Abril, 1936)

Nocturno

    Cuando tanto se sufre sin sueño y por la sangre
se escucha que transita solamente la rabia,
que en los tuétanos tiembla despabilado el odio
y en las médulas arde continua la venganza,
las palabras entonces no sirven: son palabras.
    Balas. Balas.
    Manifiestos, artículos, comentarios, discursos,
humaredas perdidas, neblinas estampadas,
¡qué dolor de papeles que ha de barrer el viento,
qué tristeza de tinta que ha de borrar el agua!
    Balas. Balas.
    Ahora sufro lo pobre, lo mezquino, lo triste,
lo desgraciado y muerto que tiene una garganta
cuando desde el abismo de su idioma quisiera
gritar lo que no puede por imposible, y calla.
    Balas. Balas.
    Siento esta noche heridas de muerte las palabras.

Vida bilingüe
de un refugiado español en Francia
(1939-1940)

Me despierto.
París.
¿Es que vivo,
es que he muerto?
¿Es que definitivamente he muerto?
Mais non...
        C'est la police.

                Mais oui, monsieur.
                —Mais non...
                (Es la Francia de Daladier,
                la de monsieur Bonnet,
                la que recibe a Lequerica,
                la Francia de la Liberté.)

¡Qué dolor, qué dolor allá lejos!
Yo tenía un fusil, yo tenía
por gloria un batallón de infantería,
por casa una trinchera.

Yo fui, yo fui, yo era
al principio del Quinto Regimiento.
Pensaba en ti, Lolita,
mirando los tejados de Madrid.
Pero ahora...

         Este viento,
esta arena en los ojos,
esta arena...

         (Argelés! Saint-Cyprien!)
Pensaba en ti, morena,
y con agua del río te escribía:
«Lola, Lolita mía.»

                    ¿Qué, qué, qué? La sirena.
                    Jueves. La aviación.
                    Pero, ¡cómo! —Mais oui.
                    —Mais non, monsieur, mais non.
                    (Toujours!) C'est la police.
                    —Avez-vous votre récépissé?
                    (Es la Francia de Daladier,
                    de León Blum y de Bonnet,
                    la que aplaude a Franco en el cine,
                    la Francia des Actualités.)

   ¡Qué terror, qué terror allá lejos!
La sangre quita el sueño,
hasta a la mar la sangre quita el sueño.
Nada puede dormir.
Nadie puede dormir.

         ... Y el miércoles del Havre sale un barco,
y este triste *allá lejos* se quedará más lejos.

   —Yo a Chile,
yo a la URSS,
yo a Colombia,
yo a México,
yo a México con J. Bergamín.

   ¿Es que llegamos al final del fin
o que algo nuevo comienza?

                              —Un café crème, garçon.
                    Avez-vous «Ce Soir»?
                              Es la vida de la emigración
                    y un gran trabajo cultural.

    Minuit.
Porte de Charenton o Porte de la Chapelle.
Un hotel.
París.
Cerrar los ojos y...
Qui est-ce?
                    C'est la police.

*

    Pis.
Sigo estando en París.

    El perro se hace pis,
los perros se hacen pis,
todos los perros se hacen pis.
Sobre sus dos zapatos, caballero.
Sobre sus finas medias, madame.
Pipiadero.
Pis a la puerta del Printemps,
pis al pie de la estatua de Danton,
pis sobre la Revolución
y los Derechos del Hombre.
Pis reaccionario,
pis burgués,
pis de pacto de Munich,
muniqués.
El Sena —¡por Dios!—, pis,
y pis la Tour Eiffel.
            Señora:
                    ¿ha dado usted a luz un perro?

    Pis.
¿Se salvará París?

De ayer para hoy

Después de este desorden impuesto, de esta prisa,
de esta urgente gramática necesaria en que vivo,
vuelva a mí toda virgen la palabra precisa,
virgen el verbo exacto con el justo adjetivo.
    Que cuando califique de verde al monte, al prado,
repitiéndole al cielo su azul como a la mar,
mi corazón se sienta recién inaugurado
y mi lengua el inédito asombro de crear.

Sonetos corporales

Lloraba recio, golpeando, oscuro,
las humanas paredes sin salida.
Para marcarlo de una sacudida,
lo esperaba, la luz fuera del muro.
    Grito en la entraña que lo hincó, futuro,
desventuradamente y resistida
por la misma cerdada, abierta herida
que ha de exponerlo al primer golpe duro.

¡Qué desconsolación y qué ventura!
Monstruo batido en sangre, descuajado
de la cueva carnal del sufrimiento.

Mama la luz y agótala, criatura,
tabícala en tu ser iluminado,
que mamas con la leche el pensamiento.

*

Asombro de la estrella ante el destello
de su cardada lumbre en alborozo.
Sueña el melocotón en que su bozo
al aire pueda amanecer cabello.

Atónito el limón y agriado el cuello,
sufre en la greña del membrillo mozo,
y no hay para la rosa mayor gozo
que ver sus piernas de espinado vello.

Ensombrecida entre las lajas, triste
de sufrirlas tan duras y tan solas,
lisas para el desnudo de sus manos,

ante el crinado mar que las embiste,
mira la adolescente por las olas
poblársele las ingles de vilanos.

*

Huele a sangre mezclada con espliego,
venida entre un olor de resplandores.
A sangre huelen las quemadas flores
y a súbito ciprés de sangre el fuego.

Del aire baja un repentino riego
de astro y sangre resueltos en olores,
y un tornado de aromas y colores
al mundo deja por la sangre ciego.

Fría y enferma y sin dormir y aullando,
desatada la fiebre va saltando,
como un temblor, por las terrazas solas.

Coagulada la luna en la cornisa,
mira la adolescente sin camisa
poblársele las ingles de amapolas.

*

Un papel desvelado en su blancura.
La hoja blanca de un álamo intachable.
El revés de un jazmín insobornable.
Una azucena virgen de escritura.

El albo viso de una córnea pura.
La piel del agua impúber e impecable.
El dorso de una estrella invulnerable
sobre lo opuesto a una paloma oscura.

Lo blanco a lo más blanco desafía.
Se asesinan de cal los carmesíes
y el pelo rubio de la luz es cano.

Nada se atreve a desdecir al día.
Mas todo se me mancha de alhelíes
por la movida nieve de una mano.

Metamorfosis del clavel

A Ricardo E. Molinari.

Junto a la mar y un río y en mis primeros años,
quería ser caballo.
Las orillas de juncos eran de viento y yeguas.
Quería ser caballo.
Las colas empinadas barrían las estrellas.
Quería ser caballo.
Escucha por la playa, madre, mi trote largo.
Quería ser caballo.
Desde mañana, madre, viviré junto al agua.
Quería ser caballo.
En el fondo dormía una niña cuatralba.
Quería ser caballo.

*

(A Ninoche.)

El caballo pidió sábanas,
rizadas como los ríos.
Sábanas blancas.

Quiero ser hombre una noche.
Llamadme al alba.
La mujer no lo llamó.
(Nunca más volvió a su cuadra.)

*

Se equivocó la paloma.
Se equivocaba.
Por ir al norte, fue al sur.
Creyó que el trigo era agua.
Se equivocaba.
Creyó que el mar era el cielo;
que la noche, la mañana.
Se equivocaba.
Que las estrellas, rocío;
que la calor, la nevada.
Se equivocaba.
Que tu falda era su blusa;
que tu corazón, su casa.
Se equivocaba.
(Ella se durmió en la orilla.
Tú, en la cumbre de una rama.)

*

Al alba, se asombró el gallo.
El eco le devolvía
voz de muchacho.
Se halló signos varoniles,
el gallo.
Se asombró el gallo.
Ojos de amor y pelea,
saltó a un naranjo.
Del naranjo a un limonar;
de los limones, a un patio;
del patio, saltó a una alcoba,
el gallo.

La mujer que allí dormía
lo abrazó.
Se asombró el gallo.

*

Mamaba el toro, mamaba
la leche de la serrana.
Al toro se le ponían
ojos de muchacha.
Ya que eres toro, mi hijo,
dame una cornada.
Verás que tengo otro toro
entre las entrañas.
(La madre se volvió yerba,
y el toro, toro de agua.)

Toro en el mar
(Elegía sobre un mapa perdido)

Eras jardín de naranjas.
Huerta de mares abiertos.
Tiemblo de olivas y pámpanos,
los verdes cuernos.
Con pólvora te regaron.
Y fuiste toro de fuego.

*

Le están dando a este toro
pastos amargos,
yerbas con sustancia de muertos,
negras hieles
y clara sangre ingenua de soldado.
¡Ay, qué mala comida para este toro verde,
acostumbrado a las libres dehesas y a los ríos,
para este toro a quien la mar y el cielo
eran aún pequeños como establo!

*

... y le daré, si vuelvo, una toronja
y una jarra de barro vidriado,
de esas que se parecen a sus pechos
cuando saltan de un árbol a otro árbol.

Pero en vez del soldado,
sólo llegó una voz despavorida
que encaneció el recuerdo de los álamos.

*

¡Ay, a este verde toro
le están achicharrando, ay, la sangre!
Todos me lo han cogido de los cuernos
y que quieras que no me lo han volcado
por tierra, pateándolo,
extendiéndolo a golpes de metales candentes,
sobre la mar hirviendo.
Verde toro inflamado, ¡ay, ay!,
que llenas de lamentos e iluminas, helándola,
esta desventurada noche
donde se mueven sombras ya verdaderamente sombras,
o ya desencajadas sombras vivas
que las han de tapar también las piedras.
¡Ay, verde toro, ay,
que eras toro de trigo,
toro de lluvia y sol, de cierzo y nieve,
triste hoguera atizada hoy en medio del mar,
del mar, del mar ardiendo!

*

La muerte estaba a mi lado,
la muerte estaba a tu lado.
La veía
y la veías.
Sonaba en todo la muerte,
llamaba a todo la muerte.
La sentía
y la sentías.
No quiso verme ni verte.

*

La carta del soldado terminaba:
«Y hallará el alba, amor, en esa noche,
más sitio en las orillas de las sábanas.»
    Pero el alba que vino
venía con un nudo en la garganta.

*

El soldado soñaba, aquel soldado
de tierra adentro, oscuro: —Si ganamos,
la llevaré a que mire los naranjos,
a que toque la mar, que nunca ha visto
y se le llene el corazón de barcos.
    Pero vino la paz. Y era un olivo
de interminable sangre por el campo.

*

Aquel olor a inesperada muerte,
a soldado sin nombre y sin familia,
dando a los hormigueros de la tierra
quizás el mejor traje de su vida,
de la vera de un olmo
se me llevó el aroma de mi amiga.

(Muelle del Reloj)

    A través de una niebla caporal de tabaco
miro el río de Francia,
moviendo escombros tristes, arrastrando ruinas
por el pesado verde ricino de sus aguas.
Mis ventanas
ya no dan a los álamos y los ríos de España.
    Quiero mojar la mano en tan espeso frío
y parar lo que pasa
por entre ciegas bocas de piedra, dividiendo
subterráneas corrientes de muertos y cloacas.

Mis ventanas
ya no dan a los álamos y los ríos de España.
    Miro una lenta piel de toro desollado,
sola, descuartizada,
sosteniendo cadáveres de voces conocidas,
sombra abajo, hacia el mar, hacia una mar sin barcas.
Mis ventanas
ya no dan a los álamos y los ríos de España.
    Desgraciada viajera fluvial que de mis ojos
desprendidos arrancas
eso que de sus cuencas desciende como río
cuando el llanto se olvida de rodar como lágrima.
Mis ventanas
ya no dan a los álamos y los ríos de España.

*

Querías desprenderte, pobre toro,
abrumada de nieblas la cabeza.
Querías sacudir la hincada cola
y el obligado párpado caído refrescarlo en el mar,
mojándote de verde las pupilas.
Resollabas de sangre, rebasado, abarcado,
oprimido de noche y de terrores,
bramando por abrir una brecha en el cielo
y sonrosarte un poco de dulce aurora
los despoblados ramos de tus astas.
Gaviotas amarillas
y despistados pájaros de tierra
tejían sobre ellas
silenciosas coronas de silbos tristes y alas.
    Niños muertos perdidos rodaban los delfines
por tus desfallecidas riberas
de lagares y aceite derramados,
mientras que tú, alejándote,
dejabas en mis ojos el deseo
de alzarte de rodillas sobre el mar,
encendiendo otra vez sobre tu lomo
el sol, la luna, el viento y las estrellas.

*

(Estrecho de Gibraltar)

Quiero decirte, toro, que en América,
desde donde en ti pienso —noche siempre—
se presencian los mapas, esos grandes,
deshabitados sueños que es la Tierra.
Bien por aquí podrías, solitario
huésped y amigo, esas sedientas ascuas,
que un estoque enterrado hasta los huesos
prende en tu sangre, helarlas mansamente.
Yo quería dormir tranquilo, un poco,
pues me hace falta, como a ti; quería,
cuan largo y triste como tú, tumbarme
siquiera en el retraso de una aurora.
Pero me he levantado, ya que andaba,
párpado insomne el fijo pensamiento,
pensando en ti, para —¡luceros sordos
en la noche de América!— decírtelo.

*

Cornearás aún y más que nunca,
desdoblando los campos de tu frente,
y salpicando valles y laderas
te elevarás de nuevo toro verde.
Las aldeas
perderán sus senderos para verte.
Se asomarán los hombres de los ríos,
y las espadas frías de las fuentes
manos muertas harán salir del suelo,
enramadas de júbilo y laureles.
Los ganados
perderán sus pastores para verte.
Te cantarán debajo tus dos mares,
y para ti los trigos serán puentes
por donde saltes, nuevo toro libre,
dueño de ti y de todo para siempre.
Los caminos
perderán sus ciudades para verte.

De los álamos y los sauces
(En recuerdo de Antonio Machado)

> ... y por oílla
> los sauces se inclinaron a la orilla.
>   Pedro de Espinosa

> ... álamos de las márgenes del Duero,
> conmigo vais, mi corazón os lleva!
>   Antonio Machado

Dejadme llorar a mares,
largamente como los sauces.
    Largamente y sin consuelo.
Podéis doleros...
                    Pero dejadme.
    Los álamos carolinos
podrán, si quieren, consolarme.
    Vosotros... Como hace el viento...
Podéis doleros...
                    Pero dejadme.

*

Veo en los álamos, veo,
temblando, sombras de duelo.
    Una a una, hojas de sangre.
Ya no podréis ampararme.
    Negros álamos transidos.
¡Qué oscuro caer de amigos!
    Vidas que van y no vienen.
¡Ay, álamos de la muerte!

*

Salí a ver los álamos.
La tierra huía, temblando.
Descoyuntada, la tierra.
Sólo vi huesos
desparramados.

¿Cómo vosotros ausentes,
álamos?
　Se oía
mudar de forma al planeta.
Desprenderse
de su arrugada corteza,
amarillenta
de pobladores ya muertos.
　Alamos,
¿cómo vosotros risueños?
　La sombra, siempre la sombra
cedió las llaves del fuego.
Triste desgracia es quemarse
cuando propagan los ríos
su horror ardiendo a los mares.
　Salí a ver los álamos.
(Nadie.)

*

Ahora me siento ligero,
como vosotros, ahora
que estoy cargado de muertos.
　Voy a crecer, a subir.
Voy a escalaros
ahora que tengo mil años.
　¡Detenedme, que ya subo!
¡Paradme, que ya os alcanzo!
　No me dejéis, ya en el viento,
mirar abajo.

*

　　　　　　　　　A ti, enterrado en otra tierra.

　Perdidos, ¡ay, perdidos!,
los niños de la luz por las rotas ciudades
donde las albas lentas tienen sabor a muerto
y los perros sin amo ladran a las ruinas;
cuando los ateridos

hombres locos maldicen en las oscuridades,
se vuelcan los caballos sobre el vientre desierto
y solamente fulgen guadañas repentinas;
    entonces, que es ahora,
pienso en ti, en esa noble osamenta abonando
trigos merecedores de más verdes alturas,
árboles que susurren tu nombre dignamente,
y otro cielo, otra aurora
por los que te encontraras tranquilo, descansando,
viéndote en largo sueño remontar las llanuras,
hacia un clamor de torres erguidas al poniente.
    Pienso en ti, grave, umbrío,
el más hondo rumor que resonara a cumbre,
condolido de encinas, llorado de pinares,
hermano para aldeas, padre para pastores;
pienso en ti, triste río,
pidiéndote una mínima flor de tu mansedumbre,
ser barca de tus pobres orillas familiares
y un poco de esa leña que hurtan tus cazadores.
    Descansa, desterrado
corazón, en la tierra dura que involuntaria
recibió el riego humilde de tu mejor semilla.
Sobre difuntos bosques va el campo venidero.
Descansa en paz, soldado.
Siempre tendrá tu sueño la gloria necesaria:
álamos españoles hay fuera de Castilla,
Guadalquivir de cánticos y lágrimas del Duero.

                                    En El Totoral
                                    (Córdoba de América), 1940.

Del pensamiento en un jardín

                                    A José Bergamín, en México.

    No estás, no, prisionero, aunque te oprima
la madreselva en flor, deliberada,
con el clavel que te defiende a esgrima
del gladiolo que te embiste a espada.

Tan húmedos y opuestos veladores,
hoy dan jardín al pensamiento errante,
tendiéndole ya cama o ya escalera,
para que estalle pensamiento flores
o suba pensamiento enredadera.
  Trepe el mío, regado y verdeante,
por el sol del destierro y de la espera.

  Calce, al subir, lo primero,
la espuela de caballero.
Flor de espuela:
hiere, flor,
al pensamiento en candela.
Galopar ensangrentado.
Potro de muerte. Dolor.

    —Sí, yo era soldado.
  (¡Mi capitán!)
    Jazmines de jazmines.
  Arabe aroma. (¡Cuánto moro ahogado!)
  Párate, pensamiento.
  La amapola. Quizás la adormidera.
  (Sólo quedó de aquel destacamento
  una naranja en la trinchera.)
    Por la malva real,
  niña, te lo diré,
  o por la buganvilia,
  decarminada aún la cabellera.
  Compréndelo, rosal.
  («Pura, encendida rosa...»)
  Por el Guadalquivir sube, llorando, el mar,
  dejando sin oliva al olivar
  y sin esposo a la esposa.

  El llorar tiene huesos,
amor, como las frutas.
Lágrimas de piñones.
Por eso al pensamiento cuando canta
se le hace un nudo en la garganta,
de ciruelas o melocotones.

   Escúchalo, alhelí,
para contarlo luego al heliotropo:
pálida era mi madre, y carmesí,
cuando me la enterraron bajo un chopo.

   Doblégate a la grama, trepadora,
pensamiento sin bridas.
¡Frena!
¡Freno!
Es toda oídos la azucena
y el amaranto moreno.

      Dura es la tierra y, obstinadamente,
  dura la piel del tiempo que pisamos;
  duro lo trasluzca así la frente,
    dura la sangre bajo la corteza
  del corazón, así, lo que soñamos:
  duro lo incierto y dura la certeza.

    Hace su aparición en mí la azada,
por su propio, espontáneo movimiento,
no por mi impuesta soledad llamada.

    Ya que me tienes, rompe, hiende, corta
las raíces, descuaja el fundamento,
¡y a enterrar, a enterrar, que es lo que importa!

    ¡A enterrar! Lluvias frescas al olvido.

No puede ser el hombre una elegía
ni hacer del sol un astro fallecido.
    Aunque le haga crujir y desvencije
los desterrados huesos la agonía
que su claro pretérito le inflige,
    también la azada al enterrar incluye,
en momentánea asfixia rehogando,
el duro son para el laurel que huye.
    ¡Cavar, cavar, y verdecer cavando!
    Verdece vid, pensamiento.
Sube, espíritu morado,
llama moscatel, rodado
por los barriles del viento.
Sé fósforo del laurel.

Corona incandescente.
Sangre nunca apagada.
Soy de un pueblo de héroes, cuya piel
es toda frente
iluminada.
¡Quién sacara del pozo
agua de lluvia sin sabor a muerto,
ya que los castañares
tienen tristezas militares
y aquel campo otro nombre: el de desierto!
Amo el geranio.
Flor de hierro, roja;
hierro siempre encendido,
dura hoja.
Pero es humana flor, no flor de ejido.
Voy hacia ti, ciprés desprevenido.
Sin réplica, nogal, abre tus brazos.
Zarza cruel, lagarto sigiloso.
Yedra de dientes sin reposo.
Arañazos.
Vida ruin, rastrera.
Mi pensamiento es más hermoso:
es flor y alta enredadera.

Verdece alas, pensamiento,
y sube, albo, al paraíso,
ya que el alerce y el aliso
desmantelaron, con derramamiento
de pura sangre lila, ayer, su nieve.
Sólo existe un azul.
(No hagas la rueda, firmamento.)

El tarco es quien lo llueve,
quien lo cuelga en su rama,
si no perdido, en lejanía.
Guadarrama.
¡Azul, azul del Guadarrama,
más azulado en la Fuenfría!
Otra vez con mis muertos.

¿Quién me puebla el recuerdo de ruinas?
¿Será ya escombros, muro derribado,
basural de gallinas,
escoria barredera
el pensamiento desterrado,
el pensamiento flor o enredadera?

   Aunque le duela el álamo, está vivo,
como no estaban, no, no estaban muertos
mis muertos. Que lo diga,
duro, en su lengua ese amargor a olivo,
y en los ojos abiertos, bien abiertos,
esa luz, mar de fe, que lo mitiga.

   Sé mi ejemplo, ligustro persistente;
planta vivaz, continua flor, rizoma
y siempre viva y siempreverde fuente.

   Como mi patria: sol y aroma.

Final de plata amargo

Amparo

                                        A Arturo Mom.

   Amparo.
Vine a tu mar de trigos y caballos.
   Tu mar dulce tenía
sabor de plata, amargo,
de plata, sin saberlo, en agonía.
   Te vi en el puerto, Amparo.
Hermosa de la luz, contra los barcos.
   Te vi, tú me veías.
Morena del silencio,
de la palabra ya de tierra, fría.
   De la otra mar de sangre,
llegué a tu mar llorando.
Hermosa de la gracia,
clavel de altura, Amparo.
   Te oí, tú no me oías.
Morena del reposo,
hermosa del descanso.

   Mírame aquí cantando,
por ti, a lágrima viva.
Morena de lo ado,
hermosa de las luces ya perdidas.
   Amparo.
Viene a tu mar de trigos y caballos.
(Adonde tú querías.)

Francia, el mar, la Argentina, 1939-1940

AITANA

Para ti, niña Aitana,
en estos años tristes,
mi más bella esperanza.

Ofrecimiento dulce a las aguas amargas

Aquí ya la tenéis, ¡oh viejas mares mías!
Encántamela tú, madre mar gaditana.
Es la recién nacida alegre de los ríos
americanos, es la hija de los desastres.
Niña que un alentado alud, que una tormenta
de anhelantes y un cálculo de pálidos funestos,
antes que trasminara de mis dormidos poros,
cuando ni ser podía leve brisa en mi sangre,
conmigo la empujaron
hacia estos numerosos kilómetros de agua.
Mares mías lejanas, dadle vuestra belleza;
tu breve añil, redonda bahía de mi infancia.

Caliéntale la frente con el respiro blanco
de la espuma, la gracia, la sal de tus veleros.
Abridle por las rosas laderas de su vida,
¡oh mares de mis cuatro litorales perdidos!,
oliveras con cabras paciendo los ramones
y un rumor de lagares en paz por las aldeas.
Perenne, una paloma
mantenga, consumiéndose, puro el vino, el aceite.

   Mostradle, mares, muéstrale, mar familiar vivida,
mis raíces que crecen cuando tú te levantas,
muéstrale los orígenes, lo natal de mi canto,
su ramificación con tus algas profundas.
Sea su orgullo, niña de las dulces corrientes,
saberse voz salada, sol y soplos marinos,
crecer, siendo fluvial enredadera, oyendo
llamarse hija del mar, nieta azul de las olas.
Viva como una barca
que rebosando fondo sube a las superficies.

   Yo os la suplico, mares, de faenas tranquilas,
sereno mar propicio a las llanas labores,
por donde sin acoso los náuticos arados
surquen favorecidos en los bueyes del viento.
Albas de labrantías mareas lineales,
cenit de plenitudes, de pleamar cumplida,
siesta de llenos ojos, vésperos eximidos
de la sombra y la piedra del corazón sin nadie.
Con las estrellas, alto
navegar por los fieles derroteros del sueño.

   ¡Oh mares de desgracias, rica mar de catástrofes,
avara mar de hombres que beben agua dulce,
aquí ya la tenéis! De pie sobre los hombros
de sus ríos, suspensos de sauces y caballos,
llorándoos larga, verde docilidad, espejo,
palma de mano abierta a las lunas pacíficas,
con ese sentimiento del hijo que ya siente
morirse de su mar, perdiendo aves y playas,
mares abuelos, triste madre mar, os la nombro
rubia Aitana de América.

Arión

(Versos sueltos del mar)

A Bautista Saint Jean.

¡El ritmo, mar, el ritmo, el verso, el verso!

*

Cantan en mí, maestro mar, metiéndose
por los largos canales de mis huesos,
olas tuyas que son olas maestras,
vueltas a ti otra vez en un unido,
mezclado y sólo mar de mi garganta:
Gil Vicente, Machado, Garcilaso,
Baudelaire, Juan Ramón, Rubén Darío,
Pedro Espinosa, Góngora... y las fuentes
que dan voz a las plazas de mi pueblo.

*

Me siento mar, a oírte.
¿Te sentarás tú, mar, para escucharme?

*

Te vas, dejando playa, tierra que te ha tenido.

*

Equivocado, el mar suelta una golondrina.

*

Pleamar silenciosa de mis muertos.
Ellos, quizás, los que os estén limando,
rubias rocas distantes.

*

Yace aquí el mar. Hubiera
querido ser marino desde niño.

*

Cada mañana, el mar echa los dientes.

*

Hoy, mar, amaneciste con más niños que olas.

*

No me dijiste, mar, mar gaditana,
mar del colegio, mar de los tejados,
que en otras playas tuyas, tan distantes,
iba a llorar, vedada mar, por ti,
mar del colegio, mar de los tejados.

*

Te metí, desde niño, chica mar, en mi frente,
y allí fuiste creciendo en oleaje,
hasta hacerte mujer
y hombre a un mismo tiempo.

*

De niño, mar, ¿no sabes?
yo te pintaba siempre a la acuarela.

*

De pronto, el mar suelta un caballo blanco...
y se queda dormido.

*

Me asomé a ver el mar. Y vi tan sólo
una mujer llorando
contra el cuarto menguante de una luna creciente.

*

¿Te gustaría, mar, montarte en bicicleta,
darte un largo paseo por las ramblas,
alquilar luego una sombrilla verde
y tumbarte en la playa,
como una mar cualquiera,
a descansar del baño?

*

Quiero sólo mirarte, mar, tu rostro de niño,
tu agilidad eterna de muchacho.
Para cuando ni pueda conocerte,
deja tu rumorosa
hermosura de anciano.

*

De lejos, tiene el mar conversación de bosque.
¿Tiene el bosque en su umbría conversación de mar?

*

Se te acerca la hora de la siesta,
mar humano, y no sabes
disimular que tienes algo de campesino.

*

¡Con qué pasión hoy complicaba el mar,
a las doce, la tabla
de multiplicar!

*

De pronto, el mar se queda sin sintaxis,
confundiendo los nombres con los verbos.

*

Dejó el mar al marcharse por la playa
claras huellas de signos varoniles.

*

Pronto, mar, romperás en las orillas
tus árboles de otoño.

*

Cuando crezcas, Aitana,
le enseñarás al mar Astronomía.

*

¡Qué feliz era, mar! Llegué a creerme
hasta que yo era tú y me llamaban
ya todos con tu nombre.

*

Gritaban: ¡Rafael!
                    Y hasta podía
sostener en mi espalda los navíos.

*

Llegué a la casa, mar. Y fue mi asombro
encontrarte sentado en las butacas,
verte saltar del plato a las botellas,
pretextando a la noche cansancio y abandono
para ni concederme la mitad de mi lecho.

*

Abrí la puerta. El mar
con tanta confianza entró en la alcoba,
que ni el perro al mirarlo inquietó las orejas.

*

Ahora súbete, mar, a la azotea,
mientras que yo me tiendo en tu horizonte
para que me divises desde lejos.

*

«Niebla» llegó a aquel mar. Y a sus ladridos
se le llenó de espigas y amapolas.

*

Si a ti, mar, te arrancaran de tu sitio,
descuajaran a hachazos de tu pueblo;
si ya como lenguaje te quedara
tu propia resonancia repetida;
si ya no fueras, mar, mar para nadie,
mar ni para ti mismo,
perdido mar hasta para la muerte...

Cármenes

Poeta, por ser claro no se es mejor poeta.
Por oscuro, poeta —no lo olvides—, tampoco.

*

Precisión de lo claro o de lo oscuro:
poeta dueño, a caballo, dominante.

*

A coger los aires
al fresco del mar...

                    Lope de Vega

*

¡Oh poesía del juego, del capricho, del aire,
de lo más leve y casi imperceptible:
no te olvides que siempre espero tu visita!

*

Creyeron que con armas,
unos tristes disparos una aurora,
iban —¡oh Poesía, oh Gracia!— a asesinarte.

*

La Gracia, como pájaro de rápida salida
de tan confusas brozas y malezas.

*

La Gracia, la graciosa
Gracia alada, desnuda, imperceptible,
con las últimas olas de la tarde.

*

Pensaba en ella. Y me la vi venir,
Gracia a caballo, sola,
bajo las alamedas trasmarinas.

*

Que la Gracia te libre
una vez más del verso
que con libre apariencia
sólo encadena y mata lentamente.

*

Plegaria. Dale céfiros
a mis pies y a mi voz cada mañana.

*

Púrpura nevada

A Gonzalo Losada

> ... púrpura nevada...
> Góngora

Hubo un tiempo que dijo, que decía:
Más blanca que la nieve, prima mía.
Rosa de Alberti, rosa chica, breve,
níveamente pintada.
Hoy diría: Más roja que la nieve,
ya que la sangre es púrpura nevada.

Así el valor, también así el espanto
por la aridez del lagrimal, perdida;
así también el no saber a cuánto,
a qué precio se paga ya la vida;
a qué dinero,
el mirarte y no verte,
si anda el morir a más que bajo cero
y es púrpura nevada hasta la muerte.

Vientos purpúreos, vientos de gangrena
por esteparias, congeladas mares
y los bosques transidos.
Es la Pascua purpúrea de la pena,
las tristes Pascuas militares
de los nevados desaparecidos.

Se empurpura la fe, que se entumece
de nevada sonora,
de oculto, álgido trigo empurpurado.
Noche de héroe, encandecida, crece,
denominada y denominadora,
se oye al mundo alzarse de costado.

A Luis Cernuda, aire del sur buscado en Inglaterra

Si el aire se dijera un día:
                    —Estoy cansado,
rendido de mi nombre... Ya no quiero
ni mi inicial para firmar el bucle

del clavel, el rizado de la rosa,
el plieguecillo fino del arroyo,
el gracioso volante de la mar y el hoyuelo
que ríe en la mejilla de la vela...
   Desorientado, subo de las blandas,
dormidas superficies
que dan casa a mi sueño.
Fluyo de las paradas enredaderas, calo
los ciegos ajimeces de las torres;
tuerzo, ya pura delgadez, las calles
de afiladas esquinas, penetrando,
roto y herido de los quicios, hondos
zaguanes que se van a verdes patios
donde el agua elevada me recuerda,
dulce y desesperada, mi deseo...
   Busco y busco llamarme
¿con qué nueva palabra, de qué modo?
¿No hay soplo, no hay aliento,
respiración capaz de poner alas
a esa desconocida voz que me denomine?
   Desalentado, busco y busco un signo,
un algo o alguien que me sustituya
que sea como yo y en la memoria
fresca de todo aquello, susceptible
de tenue cuna y cálido susurro,
perdure con el mismo
temblor, el mismo hálito
que tuve la primera
mañana en que al nacer, la luz me dijo:
—Vuela. Tú eres el aire.
   Si el aire se dijera un día eso...

Tirteo

   Tú eras cojo, Tirteo. Así estos cantos,
a los que faltan pies, pero no el alma.

*

¿Qué tienes, dime, Musa de mis cuarenta años?
—Nostalgias de la guerra, de la mar y el colegio.

*

Musa mía, te vi, ya entre dos luces,
pisoteada, magullada, herida,
torcer, por las afueras de la muerte,
al campo solo, al mundo solitario.

*

Triscaba Europa al borde de sus ríos
cuando fue arrebatada a los infiernos.

*

Una bala y dos metros de tierra solamente
—les dijeron.
                  Y el campo
dio en vez de trigo cruces.

*

¿Qué es un niño en la nieve? ¿Qué es un niño
llorando, solo, en busca de su aldea?

*

Yace el soldado. Vino
a preguntar por él un arroyuelo.

*

Yace el soldado. Un niño
vino en el aire a hablarle de su aldea.

*

Yace el soldado. Nadie
pudo saber su nombre. Y le pusieron
el de un pueblo caído en un barranco

Canción a la juventud

Esos relámpagos y flores,
esas centellas desasidas
que en derramados resplandores
lucen ganadas o perdidas.

Venas abiertas, duras fuentes
donde anegar al enemigo;
soles helados o calientes,
mas siempre soles para el trigo.

Eternidad de los doblados
por esa luz de una promesa;
navíos ya desamarrados,
brava la mar, mas la fe ilesa.

Diéranme a mí nuevos pulmones
con que arbolar las multitudes,
y un oleaje de canciones
de juventud, de juventudes.

A la pintura
Poema del color y la línea
(1945-1952)

A Picasso

A la pintura

A ti, lino en el campo. A ti, extendida
superficie, a los ojos en espera.
A ti, imaginación, helor u hoguera,
diseño fiel o llama desceñida.

A ti, línea impensada o concebida.
A ti, pincel heroico, roca o cera,
obediente al estilo o la manera,
dócil a la medida o desmedida.

A ti, forma; color, sonoro empeño
porque la vida ya volumen hable,
sombra entre luz, luz entre sol, oscura.

A ti, fingida realidad del sueño.
A ti, materia plástica palpable.
A ti, mano, pintor de la Pintura.

Piero della Francesca

La línea reflexiva,
gracia inmóvil, severa,
de una columna austera
que canta, pensativa.

Nada es indefinido
cuerpo o disfuminado.
Sí solidificado
volumen abstraído.

Arquitectura ilesa,
incólume armonía.
Pesa la geometría
y la luz también pesa.

Escala constructora,
compacto monumento.
Hasta el aire es cimiento.
piedra sostenedora.

Arco puro la frente,
y basamento erguido
el cuello, sostenido
melancólicamente.

¿De dónde la mirada
redonda que origina
la impávida retina
sin eco, concentrada?

Nada suspende el vuelo.
Aquí la forma aferra
sus plantas en la tierra
como si fuera el cielo.

Lo que el viento conmueve
y con su ala suscita
es sólo una infinita
música de relieve.

Mares batalladores
y a la vez calma plena
por el mural de arena,
de cal y de colores.

Místico del diseño
y del número, santo.
Tu aritmética es canto,
tu perspectiva, sueño.

Azul

Llegó el azul. Y se pintó su tiempo.

*

¿Cuántos azules dio el Mediterráneo?

*

Venus, madre del mar de los azules.

*

El azul de los griegos
descansa, como un dios, sobre columnas.

*

El azul Edad Media delicado.

*

Trajo su virginal azul la Virgen:
azul María, azul Nuestra Señora.

*

A su paleta descendió. Traía
el azul más oculto de los cielos.
De rodillas pintaba sus azules.
Lo bautizaron con azul los ángeles.
Le pusieron: Beato Azul Angélico.

*

Hay paletas celestes como alas
descendidas del blanco de las nubes.

*

Los azules de Italia,
los azules de España,
los azules de Francia...

*

Rafael tenía alas.
También el Perugino tenía alas
que al pintar derramaban sus azules.

*

Pinceles que son plumas,
azul añil, cuando de ti se tiñen.

*

Venecia del azul Tiziano en oro.

*

Roma de los azules Poussin entre los pinos.

*

Me enveneno de azules Tintoretto.

*

Azul azufre alcohol fósforo Greco.
Greco azul ponzoñoso cardenillo.

*

En la paleta de Velázquez tengo
otro nombre: me llamo Guadarrama.

*

Cuando serpeo entre las carnes nácar,
me llamo alegre azul vena de Rubens.

*

Y por la madrugada de los lagos,
con un azul clareo, que repiten
los ecos de la umbría: Patinir.

*

Hay un azul Murillo Inmaculada,
precursor del brillante de los cromos.

*

También dio azules Tiépolo a su siglo.

*

Soy una banda, una ligera cinta
azul de Goya, tenue, diluido.

*

Te diría:
—Eres bella, eres tan bella
como el azul glorioso de los techos.

*

Explosiones de azul en las alegorías.

*

En el azul Manet cantan los ecos
de un azul español en lejanía.

*

También me llamo Renoir. Me gritan.
Pero respondo a veces
con voz azul transparentada en lila.

*

Soy la sombra azulada,
la clara silueta de tu cuerpo.
Para los viejos ojos, el escándalo.

*

Dieron las Baleares su azul a la Pintura.

*

El mar invade a veces la paleta
del pintor y le pone
un cielo azul que sólo da en secreto.

*

La sombra es más azul cuando ya el cuerpo
que la proyecta se ha desvanecido.

*

Tiene el azul extático nostalgia
de haber sido azul puro en movimiento.

*

Aunque el azul no esté dentro del cuadro,
como un fanal lo envuelve.

*

Dijo el azul un día:
—Hoy tengo un nuevo nombre. Se me llama:
Azul Pablo Ruiz Azul Picasso.

Tiziano

Fue Dánae, fue Calixto, fue Diana,
fue Adonis y fue Baco, fue Cupido;
la cortesana azul mar veneciana,
el ceñidor de Venus desceñido,
la bucólica plástica suprema.
Fue a toda luz, a toda voz el tema.
¡Oh juventud! Tu nombre es el Tiziano.
Tu música, su fuente calurosa.
Tu belleza, el concierto de su mano.
Tu gracia, su sonrisa numerosa.
Lúdica edad, preámbulo sonoro,
divina y fiel desproporción de oro.

El alto vientre esférico, el agudo
pezón saltante, errático en la orgía,
las más secretas sombras al desnudo.
Bacanal del color: su mediodía.
Colorean los ríos los Amores,
surtiendo en arco de sus ingles flores.

No ignoran las alcobas ni el brocado
del cortinón que irisa el escarlata
cuánto acrecienta un cuerpo enamorado
sobre movidas sábanas de plata.
Nunca doró pincel en primavera
mejor cintura ni mayor cadera.

Todo se dora. El siena que en lo umbrío
cuece la selva en una luz tostada
dora el ardor del sátiro cabrío
tras de la esquiva sáfica dorada;
y un rubio viento, umbrales y dinteles,
basamentos, columnas, capiteles.

La vid que el alma de Dionisos dora,
del albo rostro de Jesús exuda,
y la Madre de Dios, Nuestra Señora,
de Afrodita de oro se desnuda.
Vuelca el Amor profano su áureo vino
en los manteles del Amor divino.

¡Amor! Eros infante que dispara
la más taladradora calentura;
venablo luminoso, flecha clara,
directa al corazón de la Pintura.
¿Cuándo otra edad vio plenitud más bella,
altor de luna, miramar de estrella?

Pintor del Piave di Cadore, eterno,
dichoso juvenil, vergel florido,
resplandeciente río sin invierno,
en el monte de Venus escondido.
Sean allí a tus prósperos verdores
Príapo el pincel, Adonis los colores.

Al pincel

A ti, vara de música rectora,
concertante del mar que te abre el lino,
silencioso, empapado peregrino
de la noche, el crepúsculo y la aurora.

A ti, caricia que el color colora,
fino estilete en el operar fino,
escoba barredera del camino
que te ensancha, te oprime y te aminora.

A ti, espiga en invierno y en verano,
cabeceante al soplo de la mano,
brasa de sombra o yerta quemadura.

La obstinación en ti se resplandece.
Tu vida es tallo que sin tierra crece.
A ti, esbelto albañil de la Pintura.

El Bosco

El diablo hocicudo,
ojipelambrudo,
cornicapricudo,
perniculimbrudo
y rabudo,

zorrea,
pajarea,
mosquiconejea,
humea,
ventea,
peditrompetea
por un embudo.

> Amar y danzar,
> beber y saltar,
> cantar y reír,
> oler y tocar,
> comer, fornicar,
> dormir y dormir,
> llorar y llorar.

Mandroque, mandroque,
diablo palitroque.

> ¡Pío, pío, pío!
> Cabalgo y me río,
> me monto en un gallo
> y en un puercoespín,
> en burro, en caballo,
> en camello, en oso,
> en rana, en raposo
> y en un cornetín.

Verijo, verijo,
diablo garavijo.

> ¡Amor hortelano,
> desnudo, oh verano!
> Jardín del Amor.
> En un pie el manzano
> y en cuatro la flor.
> (Y sus amadores,
> céfiros y flores
> y aves por el ano.)

Virojo, virojo,
diablo trampantojo.

   El diablo liebre,
 tiebre,
 notiebre,
 sipilipitiebre,
 y su comitiva
 chiva,
 estiva,
 sipilipitriva,
 cala,
 empala,
 desala,
 traspala,
 apuñala
 con su lavativa.

   Barrigas, narices,
 lagartos, lombrices,
 delfines volantes,
 orejas rodantes,
 ojos boquiabiertos,
 escobas perdidas,
 barcas aturdidas,
 vómitos, heridas,
 muertos.

Predica, predica,
diablo pilindrica.

   Saltan escaleras,
 corren tapaderas,
 revientan calderas.
 En los orinales
 letales, mortales,
 los más infernales
 pingajos, zancajos,
 tristes espantajos
 finales.

Guadaña, guadaña,
diablo telaraña.

El beleño,
el sueño,
el impuro,
oscuro,
seguro
botín,
el llanto,
el espanto
y el diente
crujiente
sin fin.

Pintor en desvelo:
tu paleta vuela al cielo,
y en un cuerno
tu pincel baja al infierno.

A la perspectiva

A ti, engaño ideal, por quien la vista
anhela hundirse, prolongada en mano,
yendo de lo cercano a lo lejano,
del hondo azul al pálido amatista.

A ti, sinfín, profundidad, conquista
de la espaciada atmósfera en lo plano,
por quien al fondo del balcón cercano
decides que la mar lejana exista.

A ti, aumento, valor de los valores,
vaga disminución de los colores,
música celestial, arquitectura.

Los ámbitos en ti fundan su planta.
La línea con el número te canta.
A ti, brida y timón de la Pintura.

Goya

   La dulzura, el estupro,
la risa, la violencia,
la sonrisa, la sangre,
el cadalso, la feria.
Hay un diablo demente persiguiendo
a cuchillo la luz y las tinieblas.

         De ti me guardo un ojo en el incendio.
      A ti te dentelleo la cabeza.
      Te hago crujir los húmeros. Te sorbo
      el caracol que te hurga en una oreja.
      A ti te entierro solamente
      en el barro las piernas.
            Una pierna.
            Otra pierna.
               Golpea.
                  ¡Huir!
                  Pero quedarse para ver,
                     para morirse sin morir.

¡Oh luz de enfermería!
Ruedo tuerto de la alegría.
Aspavientos de la agonía.
Cuando todo se cae
y en adefesio España se desvae
y una escoba se aleja.
                        Volar.

         El demonio, senos de vieja.
      Y el torero,
      Pedro Romero.
      Y el desangrado en amarillo,
      Pepe-Hillo.
      Y el anverso
      de la duquesa con reverso.
      Y la Borbón esperpenticia
      con su Borbón esperpenticio.

Y la pericia
de la mano del Santo Oficio.
Y el escarmiento
del más espantajado
fusilamiento.
Y el repolludo
cardenal narigado,
narigudo.
Y la puesta de sol en la Pradera.
Y el embozado
con su chistera.
Y la gracia de la desgracia.
Y la desgracia de la gracia.
Y la poesía
de la pintura clara
y la sombría.
Y el mascarón
que se dispara
para
bailar en la procesión.

El mascarón, la muerte,
la Corte, la carencia,
el vómito, la ronda,
la hartura, el hambre negra,
el cornalón, el sueño,
la paz, la guerra.
¿De dónde vienes tú, gayumbo extraño, animal fino,
corniveleto,
rojo y zaíno?
¿De dónde vienes, funeral,
feto,
irreal
disparate real,
boceto,
alto
cobalto,
nube rosa,

arboleda,
seda umbrosa,
jubilosa
seda?

     Duendecitos. Soplones.
Despacha, que despiertan.
El sí pronuncian y la mano alargan
al primero que llega.
Ya es hora.
          ¡Gaudeamus!
              Buen viaje.
Sueño de la mentira.
             Y un entierro
que verdaderamente amedrenta al paisaje.

Pintor.
En tu inmortalidad llore la Gloria.
Y sonría el Horror.

A la gracia

A ti, divina, corporal, preciosa,
por quien el aura imperceptible orea
el suspendido seno que recrea
la perfección tranquila de la rosa.

A ti, huidiza, resbalada, airosa,
caricia virginal, sal que aletea
y ante la mano en vuelo delinea
tu fugitiva, rubia espalda, diosa.

A ti, fino relámpago, destello,
sonrisa más delgada que el cabello,
burladora, inefable travesura.

La gracia de tu gracia es resistirte,
correr, volar, asirte, desasirte.
A ti, yo no sé qué de la Pintura.

Corot

Tú, alma evaporada,
tú, dulce luz de sol desvanecida,
álamo de cintura más delgada
que la paleta que en tu mano anida.

Hojas a tu pincel en cada aurora
le nacen. Brisas juegan
con tus verdes cabellos florecidos.
Tu pincel a la hora
en que los sonrosados de la tarde navegan
se te duerme de pájaros dormidos.

Espejo desvelado
de aguas que cantan quietamente quedas,
déjame que me sueñe ensimismado
por tus estremecidas y húmedas alamedas.

Por ti las ninfas últimas, los trajes
desceñidos, bailando, a los pastores,
en guirnaldas se ofrecen.
Por ti mueren los viejos músicos paisajes
y con nuevos colores
por ti más modulados amanecen.

Pintor de la sonrisa feliz y del aliento
desfallecido de los humos vagos,
silfo del bosque morador del viento,
hilo azul de la virgen de los lagos:
viera yo por los ojos tranquilos de tus puentes
el fluir encantado de la vida,
viera desde tus montes y valles transparentes
mi arboleda perdida.

Dame tu gracia, tu infantil dulzura,
el amor que no tiene el tiempo en que he nacido,
dame la más humilde rama de tu pintura,
y no me des la pena de tu olvido.

A la divina proporción

A ti, maravillosa disciplina,
media, extrema razón de la hermosura
que claramente acata la clausura
viva en la malla de tu ley divina.

A ti, cárcel feliz de la retina,
áurea sección, celeste cuadratura,
misteriosa fontana de mesura
que el Universo armónico origina.

A ti, mar de los sueños angulares,
flor de las cinco formas regulares,
dodecaedro azul, arco sonoro.

Luces por alas un compás ardiente.
Tu canto es una esfera transparente.
A ti, divina proporción de oro.

Picasso

MALAGA

Azul, blanco y añil,
postal y marinero.
De azul se arrancó el toro del toril,
de azul el toro del chiquero.
De azul se arrancó el toro.

¡Oh, guitarra de oro,
oh toro por el mar, toro y torero!
España:
fina tela de araña,
guadaña y musaraña,
braña, entraña, cucaña,
saña, pipirigaña,
y todo lo que suena y que consuena
contigo: España, España.

El toro que se estrena y que se llena
de ti y en ti se baña,
se laña y se deslaña,
se estaña y desestaña,
como toro que es toro y azul toro de España.
P i c a s s o :
maternidad azul, arlequín rosa.
Es la alegría pura una niña preñada;
la gracia, el ángel, una cabra dichosa,
rosadamente rosa,
tras otra niña sonrosada.

Y la tristeza más tristeza,
una mujer que plancha, doblada la cabeza,
azulada.
     ¿Quién sabrá de la suerte de la línea,
de la aventura del color?
                    Una mañana,
vaciados los ojos de receta,
se arrojan a la mar: una paleta.
Y se descubre esa ventana
que se entreabre al mediodía
de otro nuevo planeta
desnudo y con rigor de geometría.
     La Fábrica de Horta de Ebro.
La Arlesiana.
               El modelo.
                         Clovis Sagot.
                                   El violinista.
(¿Qué queda de la mano real, del instrumento,
del sonido?
Un invento,
un nuevo dios, sin parecido.)
     Entre el ayer y el hoy se desgaja
lo que más se asemeja a un cataclismo.
Trae rigideces de mortaja,
separación de abismo.
Le journal.
          Una pipa.
                    Una guitarra.
                              Una botella.
               El cubismo.
Pero todo pasado —¡ah, ah!— por otra estrella.
     ¿Cuál será la arrancada
del toro —¿acorralado?—
en un duro, aparente
callejón sin salida?
                    Miedo.
¡Fuera, fuera la gente!
Para mí es poco ancho todo el ruedo.

Por sobre los tejados
se divisan la raya
de la mar y mujeres charlando en una fuente
y desnudos corriendo por la playa.
   Vida, vida, vida.
Sangre, pura pasión de toro bravo.
Aquí el toro torea a veces al torero.
Es el toro quien teme la cogida.
Con las astas dibuja.
¿Quién vio punta de aguja
torear más ceñida?
               El taller.
               Una mujer
es apenas un cuarto de sombrero,
mujer casi almohadón,
caderas de butaca,
los senos en la alfombra, y el trasero,
asomado al balcón.
   Monstruos.
        ¡Oh monstruos, razón de la pintura,
          sueño de la poesía!
Precipicios extraños,
secretas expediciones
hasta los fosos de la luz oscura.
        Arabescos. Revelaciones.
Canta el color con otra ortografía
y la mano dispara una nueva escritura.
        La guerra: la española.
        ¿Cuál será la arrancada
         del toro que le parten en la cruz una pica?
        Banderillas de fuego.
        Una ola, otra ola desollada.
        Guernica.
        Dolor al rojo vivo.
   ...Y aquí el juego del arte comienza a ser un juego
explosivo.

A la acuarela

A ti, límpida, inmácula, expandida,
jubilosa, mojada, transparente.
Para el papel, su abrevadora frente,
agua primaveral, lluvia florida.

A ti, instantánea rosa sumergida,
líquido espejo de mirar corriente.
Para el pincel, su cabellera ardiente,
fresca y mitigadora luz debida.

A ti, ninfa de acequias y atanores,
alivio de la sed de los colores,
alma ligera, cuerpo de premura,

Llorada de tus ojos, corres, creces,
feliz te agotas, cantas, amaneces.
A ti, río, hacia el mar de la pintura.

Lino Spilimbergo

Mudo.
Y hasta en el violento
dibujar, silencioso.
Lino grande en el lino, en el lienzo desnudo.
Callado monumento
riguroso.

A ti la tierra debe oscuras grietas,
rastros profundos, huellas rotas.
El mar, ensimismadas terrazas, formas quietas,
velas cercanas y remotas.

Maestro constructor, severo, castigado
en cuanto tramas y perfilas.
En los ojos de vaca de tu mundo asombrado
paralizaste las pupilas.

Por la herida que abriste
en el papel secreto ¿quién no ha de conocerte,
oh pintor de la vida triste
y la erótica muerte?

Hoy es la fiesta alta, la honda cumbre
de tu pintura.
Que tu pincel terrestre nos alumbre
de una nueva mañana menos dura.

Retornos de los días colegiales

Por jazmines caídos recientes y corolas
de dondiegos de noche vencidas por el día,
me escapo esta mañana inaugural de octubre
hacia los lejanísimos años de mi colegio.

¿Quién eres tú, pequeña sombra que ni proyectas
el contorno de un niño casi a la madrugada?
¿Quién, con sueño enredado todavía en los ojos,
por los puentes del río vecino al mar, andando?
Va repitiendo nombres a ciegas, va torciendo
de memoria y sin gana las esquinas. No ignora
que irremediablemente la calle de la Luna,
la de las Neverías, la del Sol y las Cruces
van a dar al cansancio de algún libro de texto.

¿Qué le canta la cumbre de la sola pirámide,
qué la circunferencia que se aburre en la página?
Afuera están los libres araucarios agudos
y la plaza de toros
con su redonda arena mirándose en el cielo.

Como un látigo, el 1 lo sube en el pescante
del coche que el domingo lo lleva a las salinas,
y se le fuga el 0 rodando a las bodegas,
aro de los profundos barriles en penumbra.

El mar reproducido que se expande en el muro
con las delineadas islas en breve rosa,
no adivina que el mar verdadero golpea
con su aldabón azul los patios del recreo.

¿Quién es éste del cetro en la lámina muerta,
o aquel que en la lección ha perdido el caballo?
No está lejos el río que la sombra del rey
melancólicamente se llevó desmontada.

Las horas prisioneras en un duro pupitre
lo amarran como un pobre remero castigado
que entre las paralelas rejas de los renglones
mira su barca y llora por asirse del aire.

Estas cosas me trajo la mañana de octubre,
entre rojos dondiegos de corolas vencidas
y jazmines caídos.

Retornos de Chopin a través de unas manos ya idas

> A mi madre, que nos unía a todos en
> en la música de su viejo piano.

Era en el comedor, primero, era en el dulce
comedor de los seis: Agustín y María,
Milagritos, Vicente, Rafael y Josefa.
De allí me viene ahora, invierno aquí, distantes,
casi perdidos ya, desvanecidos míos,
hermanos que no pude llevar a mi estatura;
de allí me viene ahora este acorde de agua,
de allí también, ahora,
esta nocturna rama de arboleda movida,
esta orilla de mar, este amor, esta pena
que hoy, velados en lágrimas, me juntan a vosotros
a través de unas manos dichosas que se fueron.
Era, luego, en la sala del rincón en penumbra,
lejos del comedor primero de los seis,

y aunque cerca también de vosotros, perdido,
casi infinitamente perdido me sentíais,
muy tarde, ya muy tarde,
cuando empieza a agrandarse la llegada del sueño,
un acorde de agua, una rama nocturna,
una orilla, un amor, una pena a vosotros
dulcemente me unían
a través de unas manos cansadas que se fueron.
    Y es ahora, distante,
más infinitamente que entonces, desterrado
del comedor primero, del rincón en penumbra
de la sala, es ahora,
cuando aquí, tembloroso,
traspasado de invierno el corazón, María,
Vicente, Milagritos, Agustín y Josefa,
uno, el seis, Rafael, vuelve a unirse a vosotros,
por la rama, el amor, por el mar y la pena,
a través de unas manos lloradas que se fueron.

Retornos del amor en las arenas

    Esta mañana, amor, tenemos veinte años.
Van voluntariamente lentas, entrelazándose
nuestras sombras descalzas camino de los huertos
que enfrentan los azules del mar con sus verdores.
Tú todavía eres casi la aparecida,
la llegada una tarde sin luz entre dos luces,
cuando el joven sin rumbo de la ciudad prolonga,
pensativo, a sabiendas el regreso a su casa.
Tú todavía eres aquella que a mi lado
vas buscando el declive secreto de las dunas,
la ladera recóndita de la arena, el oculto
cañaveral que pone
cortinas a los ojos marineros del viento.
    Allí estás, allí estoy contra ti, comprobando
la alta temperatura de las olas felices,
el corazón del mar ciegamente ascendido,
muriéndose en pedazos de dulce sal y espumas.
Todo nos mira alegre, después, por las orillas.

Los castillos caídos sus almenas levantan.
Las algas nos ofrecen coronas y las velas,
tendido el vuelo, quieren cantar sobre las torres.

    Esta mañana, amor, tenemos veinte años.

Retornos de un poeta asesinado

    Has vuelto a mí más viejo y triste en la dormida
luz de un sueño tranquilo de marzo, polvorientas
de un gris inesperado las sienes, y aquel bronce
de olivo que tu mágica juventud sostenía,
surcado por el signo de los años, lo mismo
que si la vida aquella que en vida no tuviste
la hubieras paso a paso ya vivido en la muerte.

    Yo no sé qué has querido decirme en esta noche
con tu desprevenida visita, el fino traje
de alpaca luminosa, como recién cortado,
la corbata amarilla y el sufrido cabello
al aire, igual que entonces
por aquellos jardines de estudiantiles chopos
y calientes adelfas.

    Tal vez hayas pensado —quiero explicarme ahora
ya en las claras afueras del sueño— que debías
llegar primero a mí desde esas subterráneas
raíces o escondidos manantiales en donde
desesperadamente penan tus huesos.
                          Dime,
confiésame, confiésame
si en el abrazo mudo que me has dado, en el tierno
ademán de ofrecerme una silla, en la simple
manera de sentarse junto a mí, de mirarme,
sonreír y en silencio, sin ninguna palabra,
dime si no has querido significar con eso
que, a pesar de las mínimas batallas que reñimos,
sigues unido a mí más que nunca en la muerte
por las veces que acaso
no lo estuvimos —¡ay, perdóname!— en la vida.

    Si no es así, retorna nuevamente en el sueño
de otra noche a decírmelo.

Retornos frente a los litorales españoles

(Desde el «Florida»)

Madre hermosa, tan triste y alegre ayer, me muestras
hoy tu rostro arrugado en la mañana
en que paso ante ti sin poder todavía,
después de tanto tiempo, ni abrazarte.
Sales de las estrellas de la noche
mediterránea, el ceño de neblina,
fuerte, amarrada, grande y dolorosa.
Se ve la nieve en tus cabellos altos
de Granada, teñidos para siempre
de aquella sangre pura que acunaste
y te cantaba —¡ay sierras!— tan dichosa.
No quiero separarte de mis ojos,
de mi corazón, madre, ni un momento
mientras te asomas, lejos, a mirarme.
Te doy vela segura, te custodio
sobre las olas lentas de este barco,
de este balcón que pasa y que me lleva
tan distante otra vez de tu amor, madre mía.
Éste es mi mar, el sueño de mi infancia
de arenas, de delfines y gaviotas.
Salen tus pueblos escondidos, rompen
de tus dulces cortezas litorales,
blancas de cal las frentes, chorreados
de heridas y de sombras de tus héroes.
Por aquí la alegría corrió con el espanto.
Por ese largo y duro
costado que sumerges en la espuma,
fue el calvario de Málaga a Almería,
el despiadado crimen,
todavía —¡oh vergüenza!— sin castigo.
Quisiera me miraras pasar hoy jubiloso
lo mismo que hace tiempo
era dentro de ti,
colegial o soldado,
voz de tu pueblo, canto ardiente y libre

de tus ensangrentadas,
verdes y altas coronas conmovidas.
Dime adiós, madre, como yo te digo,
sin decírtelo casi, adiós, que ahora,
ya otra vez sólo mar y cielo solos,
puedo vivir de nuevo, si lo mandas,
morir, morir también, si así lo quieres.

Juan Panadero en América

Juan Panadero de España
tuvo, cuando la perdió,
que pasar la mar salada.

*

Pero aunque la mar pasó,
Juan Panadero de España
ni se fue ni se perdió.

*

Porque es de Juan Panadero
no dar nada por perdido,
aunque la mar ande en medio.

*

Y así se puso a cantar
Juan Panadero de España
del otro lado del mar.

*

¡Chacarero pampeano!
Una chacra en la Argentina
y la fortuna en la mano.

*

Pero que nadie se engañe.
Juan Panadero con plata
gana peso y pierde aire.

*

Como mi sino es volar,
la plata se voló a España
y yo volé a otro lugar.

*

Hay un español errante
y hay otro que no camina.
Yo soy de los caminantes.

*

¿Qué fui? Fui hasta profesor.
Canté coplas, pinté cuadros,
buen poeta y mal pintor.

*

Mas siendo mi verdadera
carrera la de los vientos,
dejé todo a la carrera.

*

Y ahora yo, Juan Panadero,
muelo para España trigo,
pero con aire extranjero.
(Extranjero, pero amigo.)

—Soy el viento de la playa,
soy un molino harinero
por donde quiera que vaya.
(Me llamo Juan Panadero.)

*

¡Aire, y siempre con más gana!
Ayer por tierra española,
hoy por tierra americana.

*

Todavía frente al mar
estoy pensando en las olas
antes de ponerme a andar.

*

Que aunque nací campesino,
muelen aire marinero
las velas de mi molino.

*

Pobre y con el alma llena
de mis mares, pescador
fui por las mares chilenas.

*

Con gallegos y asturianos,
vascos y santanderinos,
pescador en Talcahuano.

*

Chile, ¿quién podrá olvidarte?
Juan Panadero de España
te cantará en todas partes.

*

Siempre tendrá una canción
para ti Juan Panadero
dentro de su corazón.

*

Como los conquistadores,
a pie por la Cordillera
con otros trabajadores.

*

Porque yo, Juan Panadero,
con otros trabajadores
de España fui chacarero.

Juan Panadero envía su saludo a Pasionaria

Su corazón guerrillero,
desde el corazón de España,
te envía Juan Panadero.

*

Corazón dentro de un hombre
como todos los que empuñan
en su desvelo tu nombre.

*

¡Lumbre que nos iluminas!
Dolores de los mineros
en el fondo de las minas.

*

Bandera de los caminos,
Pasionaria de las manos
de los pobres campesinos.

*

Sol grande, estrella Polar,
Dolores de los obreros
de la tierra y de la mar.

*

Pasionaria del soldado,
Dolores del perseguido
y de los encarcelados.

*

Esperanza del que espera,
fe del que sufre destierro
luchando en tierra extranjera.

*

Alma de la reconquista,
fuego tendido en el viento
del Partido Comunista.

*

Madre buena, madre fuerte,
madre que para la vida
le diste un hijo a la muerte.

*

Odio del cobarde, dura
sombra del que aflige a España
en una mazmorra oscura.

*

Temor del que la condena,
del que la tiene sumida
en un castillo de penas.

*

Rencor del que a España ofende,
como el mal republicano
que sin salvarla la vende.

*

Llore el que no te comprenda,
sueñe el que no te conozca,
cante el que por ti se encienda.

*

No diga ¡Guerra!, que diga
¡Paz, Paz!, valerosamente
el que sin miedo te siga.

*

No espere que al enemigo
pueda tenderle la mano
el que camine contigo;

*

Que eres toda corazón
de sangre limpia por donde
no se arrastra la traición.

*

Que eres toda valentía,
Dolores de los dolores
de España y sus alegrías.

*

Te canta Juan Panadero:
por ti es más certero el tiro
de fusil del guerrillero.

*

Por ti el monte lo sostiene,
por ti marcha hacia la aurora,
por ti de la aurora viene.

*

Y pone su duro empeño
en darle al pueblo que sangra,
tu sueño, tu mismo sueño.

*

Que el pueblo por ti ha gritado:
¡Más vale morir de pie
que vivir arrodillado!

*

Deja hoy que mi canción,
desde el corazón de España,
te mande su corazón.

Coplas de Juan Panadero
al regresar al Puerto de Santa María

Portuenses, coquineros,
después de cincuenta años,
me maravillo de veros.

*

Aquí nací y aquí hoy
vuelvo a daros lo que fui,
lo que por vosotros soy.

*

Vosotros, que sois el mar,
que sois los campos, los vinos,
las sales del salinar.

*

Que sois la gracia, el aliento
hondo del cante, las brisas,
los aires en movimiento.

*

Las guitarras desgarradas,
las penas y los martirios
de las vidas derramadas.

*

Que en mi destierro lejano
fuisteis el sueño que al fin
toco ahora con mi mano.

*

Mi familia verdadera,
esa que lo quiere ser
y quiere que yo lo quiera.

*

Pueblo del Puerto y los puertos
alegres de mi bahía,
aquí, mis brazos abiertos.

*

Para todo aquel que vea
que yo solamente soy
la concordia en la pelea.

*

Yo vengo para ayudar
y hacer andar a esa España
que tanto le cuesta andar.

*

Y tremolo en este día
la bandera verde y blanca
del cielo de Andalucía.

*

Y como fiel compañera,
la hoz y el martillo en su centro,
también alzo otra bandera.

*

Hoz alta para segar,
martillo para los yunques
que templen la libertad.

*

Portuenses, coquineros,
mañana saldrá la aurora
en hombros de los veleros.

*

*Juan Panadero se dirige a todo el pueblo
de Sanlúcar y a sus trabajadores en paro
en el día de la represión*

Hoy yo no quiero cantar,
quiero mi voz para el grito,
mi aliento para gritar.

*

Castigo, sólo castigo
para todo aquel que tenga
al pueblo por enemigo.

*

Tu nombre es rabia, es furor,
Sanlúcar de Barrameda,
ira del gobernador.

*

Tener hambre, estar en paro,
muertas las manos caídas,
le cuesta al hombre muy caro.

*

Porque lo bueno es callar,
es no existir, no ser nadie
o dejarse asesinar.

*

Tú me hieres, tú me matas,
mas nunca tendremos miedo
del golpe de las culatas.

*

Que no están ciegos, no están
como antes en espera
de lo que nunca les dan.

*

¡Qué bravura señalada:
en vez de pan, el terror
en una calle cerrada!

*

Y porque el hambre no espere
no puede decirse al hambre:
siéntate a la puerta y muere.

*

Y qué grande desconsuelo
dar al hambre una limosna
como llovida del cielo.

*

Vida en paz, y trabajando
sin pensar que los fusiles
nos están siempre apuntando.

*

Y no haya gobernador
ni guardia civil ni alcalde
que nos miren con rencor.

*

Que el pueblo siempre es amigo,
y si el pueblo es quien les paga
no merece tal castigo.

*

Cantad, gritemos, cantad:
¡con el pueblo de Sanlúcar
vuestra solidaridad!

*

Que toda la España, alerta,
lo está mirando y le tiende
en alto la mano abierta.

Por encima del mar, desde la orilla
americana del Atlántico

¡Si yo hubiera podido, oh Cádiz, a tu vera,
hoy, junto a ti, metido en tus raíces,
hablarte como entonces,
como cuando descalzo por tus verdes orillas
iba a tu mar robándole caracoles y algas!
Bien lo merecería, yo sé que tú lo sabes,
por haberte llevado tantos años conmigo,
por haberte cantado casi todos los días,
llamando siempre Cádiz a todo lo dichoso,
lo luminoso que me aconteciera.
Siénteme cerca, escúchame
igual que si mi nombre, si todo yo tangible,
proyectado en la cal hirviente de tus muros,
sobre tus farallones hundidos o en los huecos
de tus antiguas tumbas o en las olas te hablara.
Hoy tengo muchas cosas, muchas más que decirte.

Yo sé que lo lejano,
sí, que lo más lejano, aunque se llame
Mar de Solís o Río de la Plata,
no hace que los oídos
de tu siempre dispuesto corazón no me oigan.
Por encima del mar voy de nuevo a cantarte.

Cádiz, sueño de mi infancia

Aquí está la ciudad de Gádir...
Aquí están las Columnas del constante Hércules...
... y más lejos la fortaleza de Geronte, que su nombre antiguo tiene de Grecia, ya que de ella sabemos que Geryón recibió su nombre.
Aquí se extienden las costas del golfo Tartesio.
Este es el Océano que ruge alrededor de la vasta extensión del Orbe, éste es el máximo mar, éste es el abismo que ciñe las costas, éste es el que riega el mar interior, éste es el padre de Nuestro Mar.

Avieno, *Ora Maritima.*

Te miraba de lejos, sin comprenderme, oh Cádiz,
a orillas de tu mar, por la que el férreo Alcides,
el vástago errabundo, hijo feliz de Alcmena,
después de abrir las puertas azules del Océano,
pasó a robar los toros bravos de las marismas
en donde Geryón, pastor y rey,
de tres grandes cabezas ornado, gobernaba.
Te miraba, distante, desde un libro de texto,
a través de las palmas datileras, los nísperos,
las finas transparentes araucarias
del jardín colegial en donde un día
supe de las fenicias naves y las Columnas
que tú, naciente Gádir, consagrabas al héroe.
Te miraba, ignorando aún que tus pescadores,
los mismos pescadores pobres que yo veía
salir del Guadalete hacia los litorales
africanos, también eran los mismos
almadraberos tuyos, tus desnudas
gentes del mar que a Tarsis arribaban
por el oro, la plata y el misterioso estaño.

Yo te miraba, oh Cádiz, bahía de los mitos,
arsenal de mi infancia, murallas combatidas,
salvas de los cañones al recibir los barcos,
verdes relampagueos de tu faro en mis playas,
sin saber que Moloch, el ígneo dios carnívoro,
devorador de esclavos, ardió un tiempo en tus piedras.
    Oh, sí, yo te miraba, cuántas veces volcado
u orante, de rodillas, sobre las resbaladas
blanduras de mis médanos, desnudo, abriendo hoyos
de los que el mar salía, pequeñito, ofreciéndome,
con los secretos nácares de las valvas hundidas,
las hojas de tus frescos verdores submarinos.
    Canas de antigüedad, tus estelares fábulas,
tus solares historias,
¡oh gaditano mar de los perdidos
Atlantes, vesperales jardines de la espuma,
islas desvanecidas del Ocaso!
ya oscuro en tus orillas, me acunaban, cantándome.

La fuerza heracleana

> *Hércules.*—Que el cielo, la tierra y la onda conserven
> su sitio, y que los astros sigan eternamente un curso regu-
> lar. Que una paz profunda dé a los pueblos la abundancia;
> que el hierro sea enteramente consagrado a los trabajos
> inocentes de los campos, que las espadas sean escondidas.
> Que ninguna tempestad turbe la mar con sus furores, que
> la cólera de Júpiter no haga brotar el fuego del cielo;
> que los ríos nutridos por las nieves del invierno no arras-
> tren más las arrancadas cosechas. Que los venenos desapa-
> rezcan; que ninguna yerba funesta se hinche de jugo noci-
> vo. Que no reinen más tiranos crueles y salvajes; que si la
> Tierra debe producir todavía algún nuevo monstruo, que se
> dé prisa, y si prepara uno, que sea para mí.
>
> Séneca, *Hércules furioso.*

Hierva en ti, queme en tus mares,
emerja en cada mañana.
Se manifieste, palpite
en todo cuanto te nazca.
Luz que arda en músculo, tensa
luz divina que arda humana.

Luz insigne, luz remota,
luz nueva en la antigua llama.
Que su poder fortifique
las piedras de tus murallas.
Que su claridad te inunde
y siempre vivas tan clara.
Que su sol, loco en tu pecho,
mantenga pura tu gracia.
Que cante, loco, en tus viñas,
y más loco en tu garganta.
Que a todos tus salineros
y arrumbadores los abra
de sal en las alegrías
y de rayo en las batallas.
Que a tus bailarines queme
los sentidos cuando bailan.
Que a su ángel dé más ángel
y a sus alas dé más alas.
Que tus barcos estremezca
plenos de atunes de plata.
Que torne a tus marineros
más fuertes que las borrascas.
Que siempre alerta ilumine
los filos de tus navajas.
Que en la sangre de tus toros
sostenga las puntas bravas.
Que a tus divinos caballos
dé maravillas y auras.
Que en tus labores relumbre
y se hiele en las espadas.
Que cenizas, que pavesas,
que menos que polvo haga
de los ladrones que sueñen
poner los pies en tus playas.
Columnas esconde el mar
que pueden surgir muy altas.
Heracles, el gaditano,
bajo las olas aguarda.

Baladas y canciones del Paraná
(1953-1954)

**BALADAS Y CANCIONES
DE LA QUINTA DEL MAYOR LOCO**

Canción 1

¡Bañado del Paraná!
Desde un balcón mira un hombre
el viento que viene y va.
Ve las barrancas movidas
del viento que viene y va.
Los caballos, como piedras
del viento que viene y va.
Los pastos, como mar verde
del viento que viene y va.
El río, como ancha cola
del viento que viene y va.
Los barcos, como caminos
del viento que viene y va.
El hombre, como la sombra
del viento que viene y va.

El cielo, como morada
del viento que viene y va.
Ve lo que mira y mirando
ve sólo su soledad.

Canción 8

Hoy las nubes me trajeron,
volando, el mapa de España.
¡Qué pequeño sobre el río,
y qué grande sobre el pasto
la sombra que proyectaba!
Se le llenó de caballos
la sombra que proyectaba.
Yo, a caballo, por su sombra
busqué mi pueblo y mi casa.
Entré en el patio que un día
fuera una fuente con agua.
Aunque no estaba la fuente,
la fuente siempre sonaba.
Y el agua que no corría
volvió para darme agua.

Balada de la nostalgia inseparable

Siempre esta nostalgia, esta inseparable
nostalgia que todo lo aleja y lo cambia.
Dímelo tú, árbol.
Te miro. Me miras. Y no eres ya el mismo.
Ni es el mismo viento quien te está azotando.
Dímelo tú, agua.
Te bebo. Me bebes. Y no eres la misma.
Ni es la misma tierra la de tu garganta.
Dímelo tú, tierra.
Te tengo. Me tienes. Y no eres la misma.
Ni es el mismo sueño de amor quien te llena.
Dímelo tú, sueño.

Te tomo. Me tomas. Y no eres ya el mismo.
Ni es la misma estrella quien te está durmiendo.
Dímelo tú, estrella.
Te llamo. Me llamas. Y no eres la misma.
Ni es la misma noche clara quien te quema.
Dímelo tú, noche.

CANCIONES
(I)

Canción 6

Ya no me importa ser nuevo,
ser viejo ni estar pasado.
Lo que me importa es la vida
que se me va en cada canto.
La vida de cada canto.

Canción 32

América está muy sola
todavía.
¡Qué cuerpo deshabitado,
piel de desértica vida!
Desde este balcón la veo
vacía.
Abajo, tierra sin nadie,
con las estrellas arriba.
Sola y lejana en su noche,
muy sola, pero encendida.

CANCIONES
(II)

Canción 31

Canto, río, con tus aguas:
De piedra, los que no lloran.
De piedra, los que no lloran.
De piedra, los que no lloran.

Yo nunca seré de piedra.
Lloraré cuando haga falta.
Lloraré cuando haga falta.
Lloraré cuando haga falta.
    Canto, río, con tus aguas:
    De piedra, los que no gritan.
De piedra, los que no ríen.
De piedra, los que no cantan.
    Yo nunca seré de piedra.
Gritaré cuando haga falta.
Reiré cuando haga falta.
Cantaré cuando haga falta.
    Canto, río, con tus aguas:
    Espada, como tú, río.
Como tú, también, espada.
También, como tú, yo espada.
    Espada, como tú, río,
blandiendo al son de tus aguas:
    De piedra, los que no lloran.
De piedra, los que no gritan.
De piedra, los que no ríen.
De piedra, los que no cantan.

El otoño, otra vez

Todavía el verano
hinca con sed su espada enfebrecida
en el cuerpo naciente del otoño.

*

Saldría con mi perro a la neblina,
mi nuevo perro, un alano
feroz y dulce. Saldríamos
ciegos, y después de andar
quién sabe por dónde, puede
que nunca más regresáramos
de esta neblina de otoño.

*

   Batallar de las dalias
por salir de la tierra.
Dedos verdes, ocultos, que la empujan.
Piden agua y caricias de neblinas
para abrir luego sus escudos altos
y defender la gloria del otoño.

*

   ¿Se apagó ya el otoño, recién llegado apenas?
Una nube fugaz se lo ha llevado.

*

   Cuando barro las hojas del otoño,
siento como si el mar, metido en ellas,
muriera, sollozando.

*

   Era alta y verde. Tenía
largas ramas por cabellos,
con hojas rubias, perennes.

*

Toda ella
siempre andaba en primavera.
Me pregunto ahora, lejos,
perdido entre tantos muertos:
¿Le habrá llegado el otoño?
Y si alta y verde era siempre,
¿cómo
podrá ser ella en otoño?

*

De pronto, el sol irrumpe entre las nubes
para echar una rápida ojeada
y quedarse tranquilo.
                              Llovió poco.
Saldré al instante y quemaré las últimas
hojas verdes que aún tiemblan en los árboles
y apuraré la copa del otoño.

*

Otoño silencioso de este bosque,
¿me estoy desvinculando de la patria,
alejando, perdiéndome?
Haz que tus hojas, que se lleva el viento,
me arrastren hacia ella nuevamente
y caiga en sus caminos
y me pisen y crujan
mis huesos confundiéndose
para siempre en su tierra.

*

Nada se escucha y nada
se ve. Parecería
que todo se ha marchado
o que nada ha existido.
¿En dónde estoy, pregunto,
pero a quién, si no puede
nadie oírme, si nada
podrá verme en la nada?

*

Espero el desprenderse de mí el verso
como el árbol de otoño
espera el desprenderse de la hoja.

*

Alguien o muchos pensarán: —¡Qué inútil
que ese poeta hable del otoño!
—¿Cómo no hablar, y mucho y con nostalgia,
si ya pronto va a entrar en el invierno?

*

Pero no estás vencido,
no, no, como esta tarde
ya derrotada, hundida, contra el polvo.
Cuanto más la golpea la noche con su espada
mortal, tú vas subiendo,
tú te vas incendiando
—¡ay, a tus años, a tus muchos años!——
como un joven demonio entre las sombras.

*

¿Verdad que no te has ido, que te tengo,
que estás aquí? Respóndeme.
¿Verdad que tu verdor, que tus sonantes hojas,
que tu armoniosa frente estremecida,
que tus cálidos aires vencedores,
tu enamorado frenesí, tus anchos
mares físicos, ciegos oleajes,
andan conmigo, riegan mis arterias,
dan a mi corazón ese arrebato,
ese fuego invasor, como hace tiempo?
¿Verdad que sí, verdad que sí? Respóndeme
en esta noche oscura del otoño.

*

Quisiera que estos árboles, plantados por mi mano
crecieran por lo menos cada día
la altura de una hoja.
Me he de marchar —¡ay!, ¿cuándo?—
y quedarán aún niños pequeños.

*

En aquella ciudad fue aquel otoño
más otoño que en todas las ciudades del mundo.
Lo que pasaba era que había muertos
caídos y tapados por las hojas,
que cuando el viento las llevaba, algunas
siempre permanecían en los labios,
en los puños cerrados o ya entre las heridas
de la abierta guerrera, sobre el pecho,
como viejas medallas que el otoño
hubiera concedido
y el viento, de pasada, respetado.

*

Viniste al bosque, mientras te buscaban
para prenderte... Tú nada sabías.
En diferente clima, a tantos miles
de leguas de tu casa verdadera,
eran, eran los mismos,
los oscuros y tristes de otros años.
Tú escuchabas caer las hojas en la noche,
mientras ellos corrían como ratas,
de tiniebla en tiniebla, en busca de los otros.

*

Solo y abandonado de mis perros,
el otoño me invade lentamente.
Diana murió a la puerta de la casa.
No sé cuál fue su muerte.
Sé que la llevó el agua de la acequia
y la dejó en la noche al pie de un árbol.
Vive aún, enterrada en mi jardín,
a la sombra de álamo
donde también descansa el otro fiel amigo:
Alano.

*

Los árboles defienden, contra el viento,
las penúltimas hojas de sus ramas.
¡Qué fuerte batallar heroico y triste!

*

El invierno esta noche
—fría y azul su espada— ha penetrado
la escasa ropa del otoño. Busca,
a tientas por la niebla, detenerse
ante su corazón para, de pronto,
hundir su nombre en él y dar principio,
triste, duro, inclemente, a su reinado.

*

Como puntas sangrantes de lanzas rueda el viento
del otoño las hojas de los robles.
Se oyen ayes de heridos entre el polvo
cárdeno de la niebla
y un ulular de carros guerreros y, de súbito,
un silencio profundo y nuevamente el viento
solitario, en la niebla, del otoño.

*

El otoño se va, pisoteado.
Su cabeza, encendida ayer, es hoy apenas
una pálida brizna de lodo yerto uncido
a las ruedas gimientes de los carros
o a las plantas heladas
de los oscuros caminantes. Sólo,
desnudos contra un cielo indiferente,
se alzan sus pobres brazos implorando
misericordia al viento del invierno.

Los 8 nombres de Picasso
y no digo más que lo que no digo
(1966-1970)

¿De qué color tus alas...?

¿De qué color tus alas de demonio,
de arcángel de las chispas subido hasta la tierra?
¿De qué tus alas? Porque
tus alas no relucen plumas.
Son de alambre, de arena,
de trozos de diarios olvidados,
de materias tangibles aunque reconocidas,
restos de cosas vagabundas, algo
que sirvió alguna vez
y otra vez por ti sirve.

Mujer en camisa

Te amo así, sentada,
con los senos cortados y clavados al filo,
como por trasparencia,
del espaldar de la butaca rosa,

241

con media cara en ángulo,
el cabello entubado de colores,
la camisa caída
bajo el atornillado botón saliente del ombligo,
y las piernas,
las piernas confundidas con las patas
que sostienen tu cuerpo
en apariencia dislocado,
adherido al *Journal* que espera la lectura.
Divinamente ancha, precisa, aunque dispersa,
la belleza real
que uno quisiera componer cada noche.

Tú hiciste aquella obra

Tú hiciste aquella obra y le pusiste un título.
Ese y no otro. Siempre,
desde el primer llanto del mundo,
las guerras fueron conocidas,
las batallas tuvieron cada una su nombre.
Tú habías vivido una:
la primera más terrible de todas.
Y, sin embargo, mientras
a tu mejor amigo, Apollinaire,
un casco de metralla le tocaba las sienes,
tu desvelada mano,
y no a muchos kilómetros de lo que sucedía,
continuaba inventando la nueva realidad maravillosa
tan llena de futuro.
Pero cuando después,
a casi veinte años de distancia,
fue tocado aquel toro,
el mismo que arremete por tus venas,
bajaste sin que nadie lo ordenara
a la mitad del ruedo,
al centro ensangrentado de la arena de España.
Y embestiste con furia,
levantaste hasta el cielo tu lamento,

los gritos del caballo
y sacaste a las madres los dientes de la ira
con los niños tronchados,
presentaste por tierra la rota espada del defensor caído,
las médulas cortadas y los nervios tirantes afuera de la
    piel,
la angustia, la agonía, la rabia y el asombro de ti mismo,
tu pueblo,
del que saliste un día.
Y no llamaste a esto
ni el Marne ni Verdún ni ningún otro nombre merecedor
    del recuerdo más hondo
(aunque allí la matanza fue mucho más terrible).
Lo llamaste Guernica.
Y es el pueblo español
el que está siempre allí,
el que tuvo el arrojo de poner en tu mano
esa luz gris y blanca que salió entonces de su sangre
para que iluminaras su memoria.

Paz

   De todas las palomas hubo una que se fue por el
       mundo.
Todavía
sigue girando alrededor del sol
al compás de la tierra.
Vuelo sin dueño, siempre amenazado.
¿Volverá alguna vez
al viejo palomar de donde salió un día?

Cuánto más arriesgada tu aventura

   Tú has alcanzado a ver con tus dos ojos
el arribo del hombre hasta la luna.
Pero qué grande hoy,
qué mayor tu aventura conducida

por una sola mano,
cuánto más arriesgada, más viviente,
odiada,
combatida en su nacer,
pensándose que fuera un largo túnel
sin salida posible
lo que estabas abriendo aquí en la tierra,
cuando en verdad eras tú quien hacía
ascender de su costra
otro mundo de luz nunca explorado,
que la tierra no había descubierto.
Son la tierra y la luna tus satélites.
¿No los oyes girar en torno a ti?

Canciones del alto valle del Aniene
y otros versos y prosas
(1967-1972)

Los pájaros

No tenéis dónde ir, dónde, tranquilos,
cantar al sol, al cielo de primavera
o entre las hojas frescas de la noche
reposar vuestro dulce, inofensivo sueño,
muda del concierto del día la garganta.
No tenéis ya auditorio que os escuche.
No hay ya nadie
que no tenga el oído cargado de confusos,
violentos rumores.
Todo lo habéis perdido, todo, todo.
¿En dónde están los pájaros y adónde
ir a cantarles la última canción?

Abro el diario

Abro el diario. ¡Qué infinita angustia!
¡Qué dolor de mirar tranquilamente el campo,
el valle solo con el río oculto,
montes de higueras y de olivos que abren
al viento en paz los brazos...

¡Oh, cuánta angustia, qué remordimiento
vivir solo un minuto
sin hacer nada por parar la muerte,
la muerte inmune libre
para matar, las armas en la mano!

Agua redonda

   Agua redonda, inmóvil,
con los árboles dentro
derramando el cielo de la noche
enredada en sus ramas.
Estoy quizás en donde nunca estuve,
sombras blancas,
leves, tenues sonidos,
susurradas palabras de muy lejos,
gargantas fallecidas,
secos labios de arenas calurosas,
heladas en lo oscuro.
Suspenso estoy, llevado por los aires
a un momento o jardín que no pude habitar
y ahora me creas
y haces vivir en él,
agua redonda, inmóvil,
cielo estrellado ya,
reflejo tuyo,
mudas, nocturnas ramas sumergidas.

OTROS VERSOS (1968-1972)

A Leopardi

> E il naufragar m'e dolce in questo mare.
>
>   Leopardi

   Te oigo en este silencio sostenido
apenas por el aire, pobre ánima,
el cielo inocentísimo de angélicos azules,
inmensa como el valle en primavera,
esa estación que siempre fue tu anhelo.

Lejos estoy de ti, lejos estoy
de tu infinita soledad sin sueño,
tu desierto dolor, tu vaga estrella,
y sin embargo ahora el naufragar
en este mar qué dulce me sería.

Potenza Picena
8 abril, 1971
A Franca y Gian Luigi Scarfiotti

Millares 1965

    En Roma o en París,
    Nueva York, Buenos Aires, Madrid, Calcuta, El
Cairo...
en tantísimas partes todavía,
hay arpilleras rotas,
destrozados zapatos adheridos al hueso,
muñones, restos duros,
basuras calcinadas,
hoyas profundas, secos
mundos de preteridos oxidados,
de coagulada sangre,
piel humana roída como lava difunta,
rugosidades trágicas, signos que acusan, gritan,
aunque no tengan boca,
callados alaridos que lastiman
tanto como el silencio.
¿De dónde estos escombros,
estos mancos derrumbes,
agujeros en trance de aún ser más agrandados,
lentas tiras de tramas desgarradas,
cuajados amasijos, polvaredas de tiza,
rojos lacre, de dónde?
¿Qué va a saltar de aquí, qué a suceder,
qué a reventar de estos violentos espantajos,
qué a tumbar esta ciega, andrajosa corambre
cuando rompa sus hilos, haga morder de súbito
sus abiertas costuras, ilumine sus negros,

sus minios y sus calcios de un resplandor rasante,
capaz de hacer parir la más nueva hermosura?
Ah, pero mientras tanto,
un «No toquéis, peligro de muerte» acecha oculto
bajo tanta zurcida realidad desflecada.
Guardad, guardad la mano,
no avancéis ningún dedo de los pulidos de uñas.
Ratas, no os atreváis por estos albañales.
Lívidos de la usura, pálidos de la nada,
atrás, atrás; ni un paso por aquí, ni el intento
de arriesgar una huella, ni el indicio de un ojo.
Corre un temblor eléctrico capaz de fulminaros
y una luz y una luz y una luz subterránea
que está amasando el rostro de tan tristes derribos.

Roma, 1965

Ortega de segadores

  Los ves vencidos,
doblados,
raídos,
acurrucados,
partidos,
agrietados.
  Trozos de signos hambrientos,
roedores,
espantajos,
harapientos,
orugas de los calores,
escobajos.
¿Qué le ha salido a la tierra?
Beben y comen la tierra.
Tierra que arrastra la tierra.
  Tristes ojancos perdidos,
estrábicos renegridos,
zurrón de penas,
cadenas,

genuflexiones
por sembraduras ajenas,
zanjón de sangre, zanjones.
      Por el haz de la paleta,
desolación amarilla,
hora que parece quieta,
pesadilla.
      Pero marchan, pero siegan,
susurran, cantan, ortegan,
luz en blanco y negro dura,
dentadura
rota de pincel feroz,
sin olvidar que en la mano,
por el monte, por el llano,
blanden una hoz.

Así como suena

                              Para un libro de Terenci Moix.

      La nieve sin tal vez puede ser buena para rememorar
los años.
Terenci
Bruno
Narcís
Cristina
Eduard
Terenci
Vicentito
Silvia
Manolitu
Jordi
Terenci
El puto tiempo, ah, niños perdidos
con Marilyn al centro y flamenco de bares,
contriciones oscuras con flores a María y tantos
      pozos.

Una historia de muertos y escombros que no visteis,
vecino ayer como un dolor de muelas que va y viene
y ganas de orinarse en ese y en aquello.
¿Estos fueron los juegos que heredasteis
o más bien los que fueron naciendo mientras el
        estirón y los terrores del placer solitario?
Romperse la cabeza contra los días turbios,
los años en vacío
y las mínimas cosas que no son pero invaden
porque las grandes alguien más que algo os las robó
        borrándolas.
Ah, pequeños que ya desde nacer os dijeron malditos
y que a puertas cerradas cercados por la nieve
veis vuestros treinta años bajo un sol que no fue y
        sin alba futura.
Verdad es que en aquella Ciudad del Horizonte
se paralizó el sol durante cinco lustros
y que en sus arrabales hoy anidan tan sólo extraños
        pájaros y el viento del desierto.
Pero mirad,
Terenci
Bruno
Narcís
Cristina
Eduard
Terenci
Vicentito
Silvia
Manolitu
Jordi
Terenci
Terenci Moix, tú el más desesperado.
Podéis salir y comenzar a andar...
el de más ira y carga de desprecio,
chispa de duende y de demonio,
ternura y disparate,
extremo y desazón hasta las lágrimas.
Ya empiezan vuestros pasos a ser huellas.
Las bocas de las tumbas no dicen vuestros nombres.

Caerán uno a uno aquellos que pretendan ser muro
en vuestra marcha.
Mirad, mirad. ¿No oís?
Tenéis la obligación de cambiar el tiempo.

El Desvelo
(diario de la noche)
Fragmentos
(1970-1971)

¡Ooooh! ¡Aaaaayyy! En la noche. Todas las noches. De-
seo, quiero tirar todo. Romper todo. Vamos. ¡Valor!
Me inundan, me acosan los papeles: cartas, catálogos de
exposiciones, revistas, periódicos... Me invaden. Mi cuar-
to no es ya más que el breve espacio de mi cama. Dentro
de ella me defiendo. Mi barricada. Mi trinchera. Pero me
cercan. Avanzan milímetro a milímetro. No puedo más.
¡Afuera! No quiero ver más libros, más cartas. ¡Dejad-
me! Ven a gritar. Y grito. La noche. Me responden los
gatos del tejado. Subid. No sabrían ayudarme a romper
todo. Mejor sería un mono, un gorila feroz, un animal
salvaje, inteligente. Tal vez lo haría por mí, porque yo
estoy cansado, sin fuerza ni valor para acabar con todo.
Se está acercando el alba, como todos los días. Y perderé
la mañana, la tarde entera, el día entero buscando entre
tanto papel algún papel perdido, una foto, una carta que
contestar, un libro idiota del que decir una palabra estú-
pida. Oigo la radio, las radios. Desde antes del amanecer.
Tengo seca la voz. ¿Qué dicen? Sólo se habla de la
muerte.

¿Y la vida? Sólo de la muerte. Matar. De proyectos de matar. Hay que matar. No hay nadie que no quiera matar. Las ondas están llenas de cuchillos, de disparos, lluvia de bombas, explosiones. De muerte. De más proyectos de muerte. ¡Ah! Llévame de la mano, tú, mi pequeño Rafael Alberti. Allí abajo está el mar. La playa, la arena, de cuando no había cartas, ni periódico, ni radio, ni catálogos de exposiciones ni tanta muerte, tanta velocidad para hablar sólo de la muerte.

Lo que dejé por ti

> *Ah! cchi nun vede sta parte de monno*
> *Nun za nnemmanco pe cche ccosa è nnato.*
> G. G. Belli

Dejé por ti mis bosques, mi perdida
arboleda, mis perros desvelados,
mis capitales años desterrados
hasta casi el invierno de la vida.

Dejé un temblor, dejé una sacudida,
un resplandor de fuegos no apagados,
dejé mi sombra en los desesperados
ojos sangrantes de la despedida.

Dejé palomas tristes junto a un río,
caballos sobre el sol de las arenas,
dejé de oler la mar, dejé de verte.

Dejé por ti todo lo que era mío.
Dame tú, Roma, a cambio de mis penas,
tanto como dejé para tenerte.

Se prohíbe hacer aguas

> Stavo a ppissià jjerzera lli a lo scuro.
> G. G. Belli

Verás entre meadas y meadas,
más meadas de todas las larguras:
unas de perros, otras son de curas
y otras quizá de monjas disfrazadas.
   Las verás lentas o precipitadas,
tristes o alegres, dulces, blandas, duras,
meadas de las noches más oscuras
o las más luminosas madrugadas.
   Piedras felices, que quien no las mea,
si es que no tiene retención de orina,
si es que no ha muerto es que ya está expirando.
   Mean las fuentes... Por la luz humea
una ardiente meada cristalina...
Y alzo la pata... Pues me estoy meando.

Campo de' Fiori

> Sonajji, pennolini,, ggiucarelli,
> E ppesi, e ccontrapesi e ggenitali...
> G. G. Belli

Perchas, peroles, pícaros, patatas,
aves, lechugas, plásticos, cazuelas,
camisas, pantalones, sacamuelas,
cosas baratas que no son baratas.
Frascati, perejil, ajos, corbatas,
langostinos, zapatos, hongos, telas,
liras que corren y con ellas vuelas,
atas mil veces y mil más desatas.
   Campo de' Fiori, campo de las flores,
repartidor de todos los colores,
gracia, requiebro, luz, algarabía...
   Como el más triste rey de los mercados,
sobre tus vivos fuegos, ya apagados,
arde Giordano Bruno todavía.

Basílica de San Pedro

Di, Jesucristo, ¿por qué
me besan tanto los pies?
Soy San Pedro aquí sentado,
en bronce inmovilizado,
no puedo mirar de lado
ni pegar un puntapié,
pues tengo los pies gastados,
como ves.
Haz un milagro, Señor.
Déjame bajar al río,
volver a ser pescador,
que es lo mío.

Nocturno

Toma y toma la llave de Roma,
porque en Roma hay una calle,
en la calle hay una casa,
en la casa hay una alcoba,
en la alcoba hay una cama,
en la cama hay una dama,
una dama enamorada,
que toma la llave,
que deja la cama,
que deja la alcoba,
que deja la casa,
que sale a la calle,
que toma una espada,
que corre en la noche
matando al que pasa,
que vuelve a su calle,
que vuelve a su casa,
que sube a su alcoba,
que se entra en su cama,
que esconde la llave,
que esconde la espada,

quedándose Roma
sin gente que pasa,
sin muerte y sin noche,
sin llave y sin dama.

Cuando me vaya de Roma

A Ignazio Delogu.

Cuando me vaya de Roma,
¿quién se acordará de mí?
Pregunten al gato,
pregunten al perro
y al roto zapato.
Al farol perdido,
al caballo muerto
y al balcón herido.
Al viento que pasa,
al portón oscuro
que no tiene casa.
Y al agua corriente
que escribe mi nombre
debajo del puente.
Cuando me vaya de Roma,
pregunten a ellos por mí.

Indice

Ultimos títulos publicados